本书由肇庆学院"创新强校学科建设"资金资助出版

天朝远未可期

华土与天国之间的利玛窦

王超杰◎著

中国出版集团
世界图书出版公司
广州·上海·西安·北京

图书在版编目（CIP）数据

天朝迩来未可期：华土与天国之间的利玛窦 / 王超杰著 .
-- 广州 : 世界图书出版广东有限公司 , 2015.7（2025.1重印）
ISBN 978-7-5100-9907-6

Ⅰ . ①天… Ⅱ . ①王… Ⅲ . ①利玛窦（1552 ~ 1610）– 传
记 Ⅳ . ① B979.954.6

中国版本图书馆 CIP 数据核字 (2015) 第 158921 号

天朝迩来未可期 ： 华土与天国之间的利玛窦

策划编辑　赵　泓
责任编辑　梁少玲
装帧设计　卢佳雯
出版发行　世界图书出版广东有限公司
地　　址　广州市新港西路大江冲 25 号
电　　话　020-84459702
印　　刷　悦读天下（山东）印务有限公司
规　　格　787mm×1092mm　1/16
印　　张　10
字　　数　130 千
版　　次　2015 年 7 月第 1 版　2025 年 1 月第 4 次印刷
ＩＳＢＮ　978-7-5100-9907-6/K·0291
定　　价　58.00 元

▲ 崇禧塔

▲ 利玛窦传教路线图

▲利玛窦仙花寺遗址碑

▲肇庆市政府，原两广总督府驻节地

▲ 利玛窦中西文化交流纪念馆

▲ 肇庆首诉，肇庆市博物馆丽谯楼 2006 年"利玛窦与中西文化交流展览场景"

◀上清湾天主教堂

▲ 西江古渡头：罗明坚利玛窦登陆处，利玛窦曾有别号"西江"

目　录

序 言

现在的肇庆是一个小城市，但在明末清初之际，在中西文化交流的层面，肇庆是一个大城市。肇庆历史悠久，文化底蕴深厚。梅庵、宋城墙、七星岩摩岩石刻、悦城龙母祖庙、德庆学宫等数十处国家级和省级文物保护单位，与佛教禅宗六祖惠能、李邕、包拯、汤显祖、利玛窦、孙中山、叶挺等中外名人的足迹交相辉映，在中华文明中发展中撰写了肇庆文风流远的璀璨诗篇。

利玛窦，一个从400多年前从意大利来到中国的意大利传教士，采取适合中国国情即"入乡随俗"的传教方式，以肇庆为突破口，潜心钻研儒家经典，寻找天主教与传统儒学的结合点、近似点，"西学东渐"，敲开了中西文化交流的大门。利玛窦在肇庆传教的历史，从当时的社会历史背景、文化交流的情况进行分析比较，可揭示中西文化交流的特征与历史规律，为新时期肇庆中西文化的交流提供经验与借鉴。

我长期生活在香港，许多港澳、外国尤其是葡萄牙、意大利的友人去肇庆旅游，都带着怀念之情想去欣赏一下利玛窦生活和工作过的地方。30年前的春天，我曾经到肇庆旅游。漫步七星岩，杂花生树，莺歌燕舞，星湖岸边，游人熙熙，如登春台，让人如痴如醉。也曾到西江之滨，遥想当年罗明坚、利玛窦等人泛舟西江，逶迤西来，一发思古之幽情。崇禧塔遥遥矗立，仙花寺不见踪迹，当时的王泮生祠，只有一个小小的院落，断壁残垣，让人徒叹奈何。

利玛窦，异人也，现在对他的评价也已经比较客观了。台湾地区的方豪神父说："利玛窦为明季沟通中西文化之第一人。自利氏入华，迄于乾嘉厉行禁教之时止，中西文化交流蔚为大观，西洋近代文学、历学、数学、物理、医学、哲学、地理、水利诸学，建筑、音乐、绘画等艺术，无不在此时传入。"考诸史籍，基督教曾多次入华，明末清初为第三次，利玛窦是当时的杰出代表之一。北京市为迎接千禧年的到来而兴建了"中华世纪坛"，利玛窦作为仅有的两位外国人之一而侧身其中，与有荣焉。利玛窦是世界级文化名人，对于肇庆而言，利子是一个世界品牌。欣闻肇庆市修复了王泮生祠，布展利玛窦与中西文化交流展览馆，并开辟为历史文化街区，此生甚慰。现在我们纪念利玛窦，回顾那样一段史实，是我们民族振兴的必由之路，也显示了中国政府实施尊重历史、尊重科学、尊重宗教信仰自由的各项开明政策。

参加中国中外关系史学会的会议，以文会友，得以结识王超杰老师，并对肇庆学院有了初步了解。王老师勤恳好学研究利玛窦有所心得，嘱予作序，不揣浅陋欣然命笔。

是为序。

中国中外关系史学会名誉会长 陈佳荣

楔子
路漫漫其修远——基督教东进之路

纵使当今社会日益世俗化，但宗教在无数人的生活中依然处于核心位置，世界上 70% 以上的人都保持着某种宗教信仰。例如，在整个东欧，越来越多的人都去犹太教会堂、清真寺、寺庙或者教堂进行宗教活动。在世界许多地方，阿訇、拉比、牧师和方丈、道长等正在紧密合作，去共同创造一个更加美好祥和的世界。宗教是文化中真正能够持久的基质，它同本族的民族意识紧密结合为一。同时，宗教在人们之间造成的认同和歧视更为剧烈，而且排斥性更强 [1]。与此同时，宗教差异又经常是引发国际和国内动荡的核心因素，前南斯拉夫、北爱尔兰、斯里兰卡、南北苏丹的情况就是最有说服力的例证。

对于信仰者而言，宗教总是和人生经历的许多重要时刻相伴。它庆祝孩子的出生，宣告步入成年，承认男女双方的婚姻和家庭生活，使得人们从此生到来生的道路更加宁静平坦。对无数人而言，宗教总是在最特殊和最恐怖的时刻相陪伴，它给那些令人迷惑不解的问题提供了答案，诸如，是否存在凌驾于我们之上的至高无上的力量？生命是怎样诞生的？为什么人要遭受苦难？人类濒死的时候会发生什么？明白了这些，我们可能就对为何宗教会为世界上许多最伟大的艺术，如音乐和文学，绘画和雕塑，提供

1　周大鸣：论族群与族群关系，《广西民族学院学报》2008 年第 2 期。

灵感的现象不感到奇怪了[1]。

现代中国是一个承认并从法律层面对宗教信仰自由进行保障的国家，实行严格的政教分离，在国家的正式制度建构中没有受到宗教理念和教条的影响[2]。

曾经有学者慨叹："基督教与中国文化吵架吵了一百多年，却从没有见过面。"[3]当然，这里没有"见面"的意思，意味着两者可以进行对话与沟通，就可以避免发生冲突（吵架）。悠悠万事，大浪淘沙。众所周知，基督教与中国文化的碰撞与接触，余沫无算，大的浪潮历史上有四次：唐代、明末清初、鸦片战争时期、改革开放以后。回顾这段绵延近 5 个世纪的相遇历史，基督教与中国文化可谓波折重重[4]。

第一次浪潮，景教于唐代传入中国[5]。公元前 2 世纪，汉武帝刘彻派遣张骞出使西域，重新打通了玉石之路、丝绸之路，史称凿空。从此，古代中国与中亚、西亚各国之间，以这一传统商业脉络为纽带，逐步发展了经济、文化各方面的关系。沿着这条沟通东西方文化的最早通道，早在公元前三世纪就有佛教进入中国的传说。16 世纪以后又流传着耶稣十二使徒之一的多马曾到中国传教布道的故事，尽管到目前为止尚缺乏有力的历史根据证明这些传说，但从热衷于宣扬这类传说的多为教会人士这一点，则可以看出基督教文化在其发展同中国的关系方面所具有的特殊热情[6]。

1625 年（明熹宗天启五年）《大秦景教流行中国碑》重见天日，

1　（英）米歇尔·基恩著，张兴明译：《信仰的疆国——漫谈世界宗教》，北京大学出版社，2004 年，第 1 页。
2　人民日报评论员：依法保护公民宗教信仰自由权利，《法音》2004 年第 1 期。
3　林治平：《基督教与中国论集》，台北宇宙光出版社，1993 年，第 6 页。
4　邢福增：《基督教与中国文化的冲突与融合》，汕头大学"区域基督宗教研究与中国文明社会发展"系列学术会议（2014）论文集，第 1 页。
5　国内外学者已有诸多有关唐代景教的研究成果，但异见纷呈。郑安德《明末清初耶稣会思想汇编》中的史料源出于法国国家图书馆，其中《东传福音》共 25 册，影印了上迄唐代景教文献，下至民国期间的基督教文献。
6　陈旭麓：《序言》，见顾长声：《传教士与中国》，上海人民出版社 1981 年，第 1 页。

一段岁月蒙尘的历史得以重新书写。当时，陕西省西安市郊一处建筑因建地基而挖沟，施工人员挖出一块刻有汉字的石碑。这块石碑经丈量有九点五掌长，五掌高，约一掌厚。碑的正面呈尖塔状，上面有一个十字架。十字架的两臂状似百合，在十字架下面，碑的整个正面刻满了中文，包括那时的主教和神父的名字。汉字碑文以其逻辑结构，可以分为四个部分。

第一部分宣讲景教的渊源，碑文如下（因字数较多，笔者对碑文只做简单句读，不做进一步分析，下同）：

楔子

粤若：常然真寂，先先而无元。窅然灵虚，後後而妙有。总玄抠而造化，妙众圣以元尊者，其唯我三一妙身无元真主阿罗诃欤。判十字以定四方；鼓元风而生二气。暗空易而天地开；日月运而昼夜作。匠成万物，然立初人；别赐良和，令镇化海；浑元之性，虚而不盈；素荡之心，本无希嗜。洎乎：娑殚施妄，钿饰纯精。间平大於此是之中，隙冥同於彼非之内。是以三百六十五种：肩随结辙，竞织法罗。或指物以托宗；或空有以沦二；或祷祀以邀福；或伐善以矫人；智虑营营，思情役役；茫然无得，煎迫转烧；积昧亡途，久迷休复。於是我三一分身景尊弥施诃：戢隐真威；同人出代。神天宣庆；室女诞圣于大秦。景宿告祥。波斯睹耀以来贡。圆二十四圣有说之旧法，理家国於大猷；设三一净风无言之新教，陶良用於正信；制八境之度，鍊尘成真；启三常之门，开生灭死；悬景日以破暗府，魔妄於是乎悉摧；棹慈航以登明宫，含灵於是乎既济；能事斯毕，亭午升真。经留二十七部，张元化以发灵关。法浴水风，涤浮华而洁虚白；印持十字，融四照以合无拘；击木震仁惠之音，东礼趣生荣之路；存须所以有外行，削顶所以无内情；不畜臧获，均贵贱於人；不聚货财，示罄遗於我；斋以伏识而成，戒以静慎为固。七时礼赞，大庇存亡；七日一荐，洗心反素；真常之道，妙而难名；功用昭彰，强称景教。惟道非圣不弘，圣非道不大；道圣符契，天下文明。太宗文皇帝光华启运，明圣临人。大秦国有上德曰阿罗本，占青云而载真经，望风律以驰艰险；贞观九祀至於长安，帝使宰臣房公玄龄总仗西郊宾迎入内。翻经书殿，问道禁闱。深知正真，特令传授。贞观十有二年秋七月。诏曰：道无常名，圣无常体。随方设教，密济群生。大秦国大德阿罗本，远将经像来献上京。详其教旨，玄妙无为；观其元宗，生成立要；词无繁说，理有忘筌；济物利人，宜行天下。所司即於京义宁坊造大秦寺一所，度僧二十一人。宗周德丧，青驾西升；巨唐道光，景风东扇；旋令有司将帝写真转摸寺壁，天姿泛彩，英朗景门，圣迹腾祥，永辉法界。案西域图记及汉魏史策，大秦国南统珊瑚之海，北极众宝之山，西望仙境花林，东接长风弱水。其土出火綄布、返魂香、明月珠、夜光璧。俗无寇盗，人有乐康。法非景不行，主非德不立。土宇广阔，文物昌明。高宗大帝，克恭缵祖，润色真宗。而於诸州各置景寺。仍崇阿罗本为镇国大法主，法流十道，国富元休，寺满百城。家殷景福，圣历年，释子用壮，腾口於东周。下士大笑，讪谤於西镐。有若僧首罗含，大德及烈，并金方贵绪，物外高僧，共振玄网。俱维绝纽，玄宗至道皇帝，令宁国等五王亲临福宇建立坛场，法栋暂桡而更崇，道石时倾而复正。天宝初令大将军高力士送五圣写真寺内安置，赐绢百匹，奉庆睿图。龙髯虽远，弓剑可攀。日角舒光，天颜咫尺。三载大秦国有僧佶和，瞻星向化，望日朝尊。诏僧罗含僧普论等一七人，与大德佶和於兴庆宫修功德。於是天题寺牓，额戴龙书，宝装璀翠，灼烁丹霞，睿扎宏空，腾凌激日。宠赉比南山峻极，沛泽与东海齐深。道无不可，所可可名；圣无不作，所作可述。肃宗文明皇帝於灵武等五郡，重立景寺。元善资而福祚开，大庆临而皇业建。代宗文武皇帝，恢张圣运。从事无为，每於降诞之辰，锡天香以告成功，颁御馔以光景众。且乾以美利故能广生，圣以体元故能亭毒。我建中圣神文武皇帝披八政以黜陟幽明，阐九畴以惟新景命，化通玄理，祝无愧心。至於方大而虚、专静而恕，广慈救众苦，善贷被群生者，我修行之大猷、汲引之阶渐也。若使风雨时、天下静、人能理、物能清、存能昌、殁能乐，念生响应，情发目诚者，我景力能事之功用也。大施主金紫光禄大夫、同朔方节度副使、试殿中监，赐紫袈裟僧伊斯，和而好惠，闻道勤行，远自王舍之城，聿来中夏，术高三代，艺博十全。始效节於丹庭，乃策名於王帐。中书令汾阳郡王郭公子仪，初总戎於朔方也。肃宗俾之从迈。虽见亲於卧内，不自异於行间。为公爪牙，作军耳目。能散禄赐，不积於家。献临恩之颇黎，布辞憩之金罽。或仍其旧寺，或重广法堂，崇饰廊宇，如翚斯飞，更效景门，依仁施利。每岁集四寺僧徒，虔事精供，备诸五旬，馁者来而饭之，寒者来而衣之，病者疗而起之，死者葬而安之。清节达娑，未闻斯美。白衣景士，今见其人。愿刻洪碑，以扬休烈。

第二部分系诗歌体的颂歌：

词曰：真主无元，湛寂常然。权舆匠化，起地立天。分身出代，救度无边。日升暗灭，咸证真玄。赫赫文皇，道冠前王。乘时拨乱，乾廓坤张。明明景教，言归我唐。翻经建寺，存殁舟航。百福偕作，万邦之康。高宗纂祖，更筑精宇。和宫敞朗，遍满中土。真道宣明，式封法主。人有乐康，物无灾苦。玄宗启圣，克修真正。御榜扬辉，天书蔚映。皇图璀璨，率土高敬。庶绩咸熙，人赖其庆。肃宗来复，天威引驾。圣日舒晶，祥风扫夜。祚归皇室，祆氛永谢。止沸定尘，造我华夏。代宗孝，德合天地。开贷生成，物资美利。香以报功，仁以作施。暘谷来威，月窟毕萃。

第三部分是时人僧人景净对树碑一事的总结：

僧景净述：建中统极，圭修明德。武肃四溟，文清万域。烛临人隐，镜观物色。六合昭苏，百蛮取则。道惟广兮，应惟密强。名言兮演三一，主能作兮臣能述，建丰碑兮颂元吉。

第四部分是参与树碑事件的僧人名号，不录。

《大秦景教流行中国碑》是早期基督教传入中国的有力物证，碑文的内容分为序言和颂词。序文简略地说明了景教的基本信仰，叙述了景教自唐太宗传入中国后受到太宗以下历代皇帝的优待扶持，凡150年间的发展经过。颂词则是用韵文再次概括地讲述了序文的内容。"还有些其他文字是当时尚未有人认识的，因为它

天朝迩来未可期——华土与天国之间的利玛窦

们既不是希腊文，也不是希伯来文。……我向我们耶稣会的神父安东尼·费尔南德斯请教这个碑的碑文，他对圣多默时代的古代语言很有研究，他告诉我：这些是叙利亚文。"[1]《大秦景教流行中国碑》出土之后，在华许多西方传教士都兴奋莫名，不少人还亲往西安观瞻。1648年，波兰传教士卜弥格经澳门葡萄牙耶稣会授意，经两湖越中原来到西安，亲眼目睹了《大秦景教流行中国碑》[2]。卜弥格复制了碑文，而且把它翻译成当时在欧洲通用的拉丁文，对当时和后来欧洲得以了解基督教早期在华传播和中西文化交流的情况，具有十分重要的意义。

大秦系中国古代对中亚国家波斯的一种称呼，根据碑文记载，基督教的"聂斯脱利派"——又译聂斯脱利教或者"神人一性派"，中国传统文献称之为"景教"——传教士早在唐朝贞观九年（635年）从波斯来华传教，使此教在有唐一代兴盛一时："真常之道，妙而难明，功用昭彰，强称景教。"景者，美好也，光大也，景教碑的树立本身表明景教已在中国的文化生活扎下了根基。在后，景教虽在中国继续生存，然而没有获得进一步的显著发展。

"聂斯脱利派"是基督教的一个支派，以公元5世纪君士坦丁堡大主教聂斯脱利命名，当时盛行于叙利亚一带。聂斯脱利因教义中"神性"与"人性"的论争，在公元413年的以弗所主教会议上被指控为异端，受到逐出教门、流放致死的惩罚。但是，后来的近东教会却支持聂斯脱利的教义，公元498年，近东教会正式决定与罗马教会断绝关系，接受聂斯脱利的信仰，基督教的"聂斯脱利派"正式形成。此后，景教传教士以高度的宗教热情活跃在中亚地区，7世纪时这一派的信徒已经遍布我国古代所称

1　[英]阿·克·穆尔：《1500年前的中国基督教史》，中华书局1984年版第43页。
2　卜弥格（Michel Boym，1612—1659）是天主教耶稣会传教士，是欧洲第一个真正马可·波罗的研究家，也是欧洲最早确认马可·波罗用过的许多名称的地理学家之一，还是第一个将中国古代的科学和文化成果介绍给西方的欧洲人，他的科学著述是多方面的，涉及中国动植物学、医药学、地图学等。

的西域一带，并且在唐代将该派的活动正式导入中国[1]。

　　唐代文化是中国本土文化与佛教文化经历魏晋南北朝的大融合之后，发展出的第一个高峰时期，有唐一代长安是当时世界范围内的文化重镇之一。唐太宗以君临天下、德兼夷夏"天可汗"的方式，实行"兼容并蓄"的宗教政策，使景教在唐代获得了广为流传的机遇。根据碑文记载，唐贞观九年（公元635年），"聂斯脱利派"主教、叙利亚人阿罗本从波斯来到长安，标志着基督教与中国文化发生联系的开端："太宗文皇帝光华启运，明圣临人。大秦国有上德曰阿罗本，占青云而载真经，望风律以驰艰险。贞观九祀，至于长安。帝使宰臣房公玄龄惚仗西郊，宾迎入内；翻经书殿，问道禁闱。深知正真，特令传授。"而且还由朝廷出资在都城长安修筑一个"波斯寺"，授教传道。到了高宗时期，景教兴盛繁华，竟然"法流十道，国富元休，寺满百城，家殷景福"。745年，唐玄宗应景教教徒的要求下令将"波斯寺"改名为"大秦寺"，781年唐德宗时，树立了"大秦景教流行中国碑"，景教的名称第一次在这块碑上出现。

　　公元845年，唐武宗李炎下诏灭法毁寺（即史上有名"会昌灭法"，所有西来的宗教都被禁止）主要针对佛教，但景教也受到株连。景教在中国活跃了2百多年后，就此渐趋销衰，基督教在中国的第一次浪潮就此一蹶不振，及至宋代，就几乎销声匿迹，中国的史籍里再也见不到有关景教的记载了。宋太宗太平兴国五年（980年）聂派教士那及兰（Najvan）奉聂派教会大主教之命与另外5名教士来中国整顿教会。987年，他们回去报告："中国之基督教已全亡，教徒皆遭横死，教堂毁坏。全国之中，彼一人外，无第二基督徒矣。寻遍全境，竟无一人可以授教者，故急回也[2]。"

1　唐晓峰：《我对于元代基督宗教研究的几点认识》，汕头大学"区域基督宗教研究与中国文明社会发展"系列学术会议（2014）论文集，第196页。
2　江文汉：《中国古代基督教和开封犹太人》，第126页。

但景教在中原衰亡之后，一度在中国北方少数民族中间流行。基督教于元代也曾昙花一现，可以称得上是基督教传播之余绪。13 世纪，蒙古族统治者入主中原，景教遂在元朝又重新出现并流行，当时的蒙古人称基督徒为"也里可温"。也里可温一词的语源迄无定说，比较流行的说法认为源自希腊语 ερχων。辽、金时期，它在中国西北和北方的一些游牧民如乃蛮、克烈、汪古等部中又颇为盛行[1]。草原诸部中，拖雷的正妻，蒙哥，忽必烈，旭烈兀，阿里不哥四子的生母莎鲁禾帖尼，蒙古帝国的第三位大汗贵由及许多亲信大臣都是虔诚的基督徒。蒙古人最早信奉原始的萨满教，随着对外征服战争的进展，开始与当时流行在亚欧各地的各大宗教的不同流派发生接触。蒙古几次西征中，大批西亚、东欧的基督教徒被裹胁或俘掠东来，充任官吏、军将、工匠或充任奴隶，其中大多数随著蒙古统治者进入内地，分散居住在全国各地。在那些被征服地区，蒙古人基本上采用因俗而治的措施，对宗教采用兼容并蓄的优礼政策。据载元初仅大都地区就有聂思脱里派教徒 3 万多人，设有契丹、汪古大主教区管理，西北地区还有唐兀等大主教区的设置[2]。

基督教和佛教、道教、伊斯兰教一样，可以自由传教，为皇帝祷告祝寿。在中央设立崇福司，秩从二品，掌领马儿 (mar，景教主教的尊称)、哈昔 (hasia，僧侣)、列班 (rabban，教师)、也里可温、十字寺祭享等职事。仁宗延祐二年 (1315 年)，改司为院，省并天下也里可温掌教司 72 所，足见当时基督教在全国分布之广。在元朝的公牍中，也里可温与各路诸色人户并举现象颇为常见，也说明这种人遍及各路，人数相当多[3]。以镇江为例，就建有大兴国、云山、聚明、四渎安、高安、甘泉、大光明、大法兴等八所

1　李宽淑：《中国基督教史略》，社会科学文献出版社 1998 年。
2　包丽英：《蒙古：在马背上架起交流之门》，《中国国家地理》2007 年第 10 期。
3　马留营：《元朝：疆域究竟有多大》，《中国国家地理》2007 年第 10 期。

聂思脱里教派的道院；在 3845 家侨寓户中，也里可温为 23 家。元政府对待也里可温人户，同佛、道、答失蛮和儒户一样，优免差发徭役，但规定"种田入租，贸易输税"。这些教徒依仗政治上的种种特权，多方逃避赋税，因此这一条规定屡申屡坏。当时的大商人中，不少是基督教徒。任平章政事、领崇福使的爱薛，镇江府路副达鲁花赤马薛里吉思，御史中丞马祖常等都是当时有名的基督教徒[1]。其他以政事、特长而见于记载的基督教徒甚多，他们中有的已具有颇高的汉文化修养[2]。显然，也里可温这个蒙古称号表明这种宗教已经与汉人绝缘，只是蒙古人和他们的盟友"色目人"的宗教。

1269 年，元世祖忽必烈通过马可·波罗兄弟带信给教皇，正式恳请教皇差派传教士来中国[3]。1289 年，教皇尼古拉四世派遣方济各会修士、意大利人孟高维诺任教廷使节前来中国。1294 年，孟高维诺来到大都（北京），开设天主教堂，开始传教。依赖于蒙古统治者的保护，基督教传播尚为顺利，1368 年明朝推翻元朝之后，这一蒙古人、色目人新近皈依的宗教也就连同消失了，前后大约仅仅延续了 60 年[4]。

唐代以及元代复出的景教，以及元代初次来到中国的天主教等的传播活动，从已知的历史文献上看，都较为单纯地集中在"宗教目的"上，而和当时中国的其他高级文化门类之间，几乎未见发生直接的深层次内在联系，因此没有对当时中国的社会义化产生多少深远的影响。

以科学技术为先导基督教传入中国的第二次浪潮发生在明朝

1　唐晓峰：《我对于元代基督宗教研究的几点认识》，汕头大学"区域基督宗教研究与中国文明社会发展"系列学术会议（2014）论文集，第 196 页。
2　唐晓峰：《元代基督宗教研究》，汕头大学"区域基督宗教研究与中国文明社会发展"系列学术会议（2013）论文集，第 186 页。
3　唐晓峰：《我对于元代基督宗教研究的几点认识》，汕头大学"区域基督宗教研究与中国文明社会发展"系列学术会议（2014）论文集，第 196 页。
4　唐晓峰：《元代基督宗教研究》，汕头大学"区域基督宗教研究与中国文明社会发展"系列学术会议（2013）论文集，第 186 页。

后期。明朝开国 2 百年间实行海禁，闭关锁国。与此同时，在西方，基督教文明的发展经历了文艺复兴、宗教改革之后而进入资本主义阶段，在技术与社会发展方面大大超越了停滞不前、平面循环的中国文明。伴随着大航海时代的来临，资本主义在世界范围内强势扩张，基督徒重装抖擞走上历史舞台，西征东渡，传播上帝福音，这场精神征伐在中国的最典型代表就是意大利传教士利玛窦。

利玛窦（Matteo Ricci），1552 年 10 月出生于意大利马尔凯省玛切拉塔市，中学毕业后于 1568 年到罗马日耳曼法学院读书，1571 年加入耶稣会；1578 年，时年 26 岁的利玛窦于葡萄牙里斯本启程远渡重洋来到印度果阿传教。自此，与亲人天各一方。1582 年，利玛窦抵达澳门，苦学汉语；1583 年 9 月 10 日抵达广东肇庆，建教堂，传教，传播西学；1589 年 8 月，利玛窦辗转至广东韶关，建教堂，继续学术传教；1595 年 6 月抵达南昌，学术传教；1597 年 8 月，被任命为耶稣会中国传教区会长；1601 年（万历二十九年），利玛窦获明朝允许，定居北京，在北京建天主教堂传播天主教，传播西学；1610 年（万历三十八年）5 月，时年58 岁的利玛窦病逝北京，万历皇帝赐北京城外二里沟"滕公栅栏"为其墓地。

利玛窦足迹遍布华南、华东、华北各地，在中国度过了他的后半生，堪称半个中国人。利玛窦本人极其熟悉中国社会，也精通中国高级文化的其他门类。他的活动不仅推动了基督教在中国的传播，也为 17 世纪中国与欧洲之间的文化大规模交流，奠定了基础。

利玛窦的先驱、在第二次浪潮中第一个企图进入中国的传教士，是方济各·沙勿略（Francisco Xavier）。沙勿略是首位抵达澳门（1542 年）的耶稣会传教士。行行重行行，小扣柴扉久不开，与大明帝国始终缘悭一面，当急于在远东开拓传教事业的沙勿略打听到前往日本的门路后，在 1549 年向教友们留下一句话："让我们在中国，在日本或是天堂里再见吧。[1]"之后，便毅然跳上一条航向日本的船只，凭着大无畏的精神，几经艰辛的旅程，终于在同年的 8 月航抵日本，率先开教。在日本停留期间，沙勿略领教了东西方文化的迥异，在大和民族佛教僧侣的挑战和无穷压力下，沙勿略领悟到：如果要在亚洲传播天主的福音，传教人便得入乡随俗、尊重异国的传统，了解并融入当地的文化里成为他们的一分子[2]。在日本居住了 27 个月后，沙勿略于 1551 年 11 月 20日离开了这个让他受尽折磨的地方。但凭着对天主的热忱，在神的感召下，沙勿略在 1552 年再次从澳门出发准备前往中国。他费尽心机，意欲把基督的福音带给中国，但封闭的中国社会始终将其拒之门外。1552 年 12 月 2 日，沙勿略在广东沿海上川岛去世[3]。终其一生，沙勿略从未正式踏入中国的土地传道，但他的努力并没白费，他向远东传教的赤诚，启发了往后来华宣扬福音的同侪，他们亦相信："要为耶稣基督前进中国，便得先成为中国人[4]。"在尊重中国文化传统的大前提下，更尽力在中国古籍中找寻东方人心目中"上苍"和"上帝"与旧约圣经中的真神的契合点，希望能因此让基督教的教义在中国本土化并落地生根。上川岛上的孤魂身后备极哀荣，由于沙勿略对远东传教事业的启发和贡献，罗马教廷遂在他身后封其为圣人——圣方济各（St.Francisco）。利玛窦这样怀念他："必定是沙勿略的在天之灵，乞求上帝把这个国土开放的！[5]"1583 年，利玛窦和罗明坚来到中国，以商人

1　黄仁达：《澳门：红颜未老》，台北商智文化出版社，1999 年版。
2　方豪：《中国天主教史任务传》，香港公教真理学会、台中光启出版社 1967 年 4 月版。
3　上川岛，位于中国广东省台山市外海，东距香港 87 海里，距澳门 58 海里，北距台山市山咀码头 10 海里，面积 157 平方公里，是中国第四大岛。明朝中叶该岛成为外国商人聚散地，近代葡萄牙文献中经常提及。嘉靖 24 年（1545 年），明朝政府关闭该岛，改设澳门附近的浪白澳作为通商之地。沙勿略 1552 年在上川岛静候去大陆开教，未能成功，因此沙勿略从未正式踏入中国大陆的土地传道。
4　张西平：《中国与欧洲早期宗教和哲学交流史》，北京东方出版社，2001 年版。
5　［意］利玛窦，［比］金尼阁著：《利玛窦中国札记》，何高济、王遵仲、李申译，中华书局，1983 年版，第 139 页。

天朝迩来未可期——华土与天国之间的利玛窦

的身份进入广东肇庆，正式开始了他的在华传教活动。1601年利玛窦来到北京，向明神宗朱翊钧进献自鸣钟、八音琴、三棱镜、天主像、圣母像等，由于他带来的欧洲科学技术成果着实迷人，万历皇帝青睐有加，待以上宾之礼，批准利玛窦常驻北京传教并在宣武门内赐屋居住，"所需皆由朝廷供给，每阅日月，须赐银米，约合每月六至八金盾之数，足敷神甫们需用。[1]"基督教在明代的传播因为宗教以外的原因（如科学技术成果），受到了最高统治者的认可。

明末清初基督教传播的第二次浪潮，较之唐代的第一次浪潮，具有一个崭新的特点，给中国带来了当时西方世界的知识体系。虽然利玛窦等人的主观意图是传播宗教，但其用以推动宗教传播的科学技术知识系统却丰富了当时中国人的文化视野，使当时的先进人士的思想有了划时代意义的变革，这是明末清初基督教传播最重要的收获之一。在天文历法、舆图、水利和火器等方面，经过这次中西文化的交流，中国的科学水准较之以前有了长足的进步。也正因为这些贡献，利玛窦等人的传教活动才开始受到当时士大夫阶级的赞赏。

利玛窦等人传教的另一个特征，是努力把基督教的传播与中国固有的传统"儒家思想"结合起来。这显然是为了适应中国环境而采取的低姿态。在广东韶州，他听取中国士人建议，毅然易服，解下袈裟，蓄起胡须，儒冠儒服而终其一生，俨然一个温文尔雅的儒士[2]。

《圣经》明文严令不得崇拜偶像，而利玛窦本人竟然中国化到了这种地步，在向中国人传教时说："上帝就是你们所指的天，他曾启示过你们的孔丘、孟轲和许多古昔君王，我们的来到，不

1　方豪：《中西交通史》，台北文化大学出版社，1983年版。
2　戚印平：《远东耶稣会士关于易服问题的争议及其文化意义》，《浙江学刊》2003年3期。

是否定你们的圣经贤传，只是提出一些补充而已。[1]"这样，就为中国士人接受基督教观念，提供了一座文化桥梁。为了进行利玛窦所谓的"补儒"、"合儒"、"超儒"，他于1595年在南昌刊刻了《天学实义》一书，利用儒家思想论证基督教教义。明末清初的基督教传教士们在这两个方面的努力，保证了基督教在华的传教工作的顺利传播。但是，基督徒带来的西方科学技术因为他们自身的宗教目的和当时中国社会在接受、吸收方面的困难，而不可能根本影响当时中国的经济生活和社会政治结构，只能作为摆设出现在官人的书斋和徐光启、李之藻等人的科学著作中。合儒、补儒，并没有调和两种截然不同的文化[2]。因此，借儒家思想以传播基督教文化的战略，在实际上却也孕育了基督教传播的潜在危机，这种危机在清初之际终于通过礼仪之争而爆发。

所谓礼仪之争，是清朝康熙初年教皇与康熙之间关于华人基督徒祭祀方式的争论[3]。教皇要求康熙皇帝下令禁止基督徒祭祀孔子，康熙断然拒绝，并御笔朱批，正式禁止基督教传教活动："西洋人等，如何言得中国之大理？况西洋人等，无一人通汉书者，说言议论，令人可笑者。今见来臣告示，竟是和尚道士，异端小教相同，比比乱言者莫过如此。以后不必西洋人在中国行教，禁止可也，免得多事。[4]"基督教在中国的传播又一次遭到阻遏。当然，由于传教士们的辛勤努力，使康熙年间中国的天主教徒，已经达到15万人之多。只因其与中国文化还没找到一个内在的契合点、所以最高统治者一声令下，挥之即去。康熙确是一个杰出的君主，但如此博学广识的人，却代表中国的传统文化对西方文化和平的传播方式进行了最后的拒绝，这表明中国社会宁肯不要西方的科学知识，也不愿接受西方的价值观念的传统态度。

1　费赖之著、冯承钧译《入华耶稣会士列传》第156页。
2　朱维铮主编：《利玛窦中文著译集》导言，复旦大学出版社2001年，第2页。
3　李天纲：《中国礼仪之争：历史文献与意义》，上海古籍出版社，1998年版。
4　故宫博物院编：《康熙与罗马使节关系文书》影印本，第11辑。

第三次浪潮，鸦片战争一声炮响，开始将中国由朝贡体系而送进威斯伐利亚主权国家的国际秩序，基督教伴随着坚船利炮、不平等条约、片面最惠国待遇等制度强势进入中国。宗教的传播转化为政治、经济、社会甚至治外法权的要求，因此基督教及其政治文化不仅改变了整个近代的中国，也改变中西方文化关系的实质，使近代的中国历史成为中西交锋的舞台。

进入 20 世纪，基督教被指控为帝国主义侵华工具。新中国成立后，中国教会在反帝爱国的旗帜下，又面对更严肃的政治指控。到文革后，中国教会得以开展重建及发展的工作。

综上，唐代景教流行一时，但在灭佛时却因受牵连而衰亡，在唐武宗以后光沉响绝，实质上是唐代先进的中国文化拒绝了当时并不比它优越的基督教文化。根据《大秦景教流行中国碑》的碑文记载，景教的兴盛与生存当时主要是依靠统治者兼容并蓄的宗教政策，而统治者则以此标榜自己的恢宏大度。

基督教在唐代的传播只是单纯的宗教传播。在此之前，中国社会已经吸收了骑着白象来的佛教。佛教沿着丝路在东汉末年东传，魏晋南北朝时代又与中国本土的高级文化嬗变融和，促进了中国本土文化的发展，已经成为中国文化的有机组成部分。唐朝初年，休养生息，同时尊奉本姓李耳，道教大行其道。唐太宗李世民投身隋末改朝换代的斗争时曾经为十三棍僧所救，因此即位后对待佛教优礼有加。女皇武则天年轻时一度削发为尼，在紧锣密鼓夺取李唐王朝政权的斗争中，佛教徒立下了汗马功劳，因而武周之际受到格外的垂青。佛教在唐代深入民间，具有广泛的群众基础，它的人生哲学已构成当时多数人的行为准则。

明季利玛窦在中国顺利传教的最重要的策略是他对中国传统儒家文化的迎合，即徐光启所谓"驱佛补儒"[1]。从进入韶州开始利玛窦在中国完全按照上层儒士的规矩生活，把自己的传教活动

1　郭熹微：《试论利玛窦的传教方式》，《世界宗教研究》1995 年 1 期。

说成"补儒"，论证基督教的教义符合中国的儒道。长期生活在中国的利玛窦，深知在中国传统文化熏陶下的中国士大夫们自大且自卑的心理弱点，所以他在为中国人绘制地图时，"竟然把地图上的第一条子午线的投影位置转移，把中国放在正中。这正是一种适合参观者脾味的地图。[1]"同时他又不失时机地把西方的科学技术展示给中国，以激发中国人的自卑感[2]。利玛窦利用中国人的心理弱点敲开中国的大门，凭借敬儒手段传播了基督的福音。实际上，把基督教与儒学混为一谈，让人误以为基督教教义与孔孟圣人语不异的做法，只是"让耶稣更像孔子"，从而推迟了文化冲突正面爆发的时刻表，但并不能消除这一注定的冲突[3]。

利玛窦在中国传播科学文化知识，同样怀有强烈的宗教目的。"补儒"、"合儒"，只是其表、手段、途径，在中国传统"道－法－术－器"的观念中尚处于"术"的层级，远远没有达到"超儒"的初衷。

利玛窦被赐葬中国，是同时代的一个特例，当然是皇帝的开恩使他得享荣耀：他已经中国化、已经被同化到能为中国传统文化所接纳的程度。其实罗马教廷对利玛窦的传教方略褒贬不一，更有甚者认为他践行了丧失原则的投降政策[4]。

利玛窦在中国开辟了一条学术传教的道路。他及其后的汤若望、南怀仁等传教士传入中国的天主教和西方先进的科学知识，都在中国产生了巨大反响。通过对利玛窦科学、宗教活动的同时研究，不难看出，在利玛窦入华后的28年生涯中，他始终奉行传教第一，传播科学为辅的政策，并且相当成功。

1　[法]裴化行著，萧浚华译：《天主教16世纪在华传教士》第279页。
2　利玛窦、金尼阁著，何高济、王遵仲、李申译：《利玛窦中国札记》，中华书局2010年版，第181页
3　孙尚扬：《基督教与明代儒学》，北京东方出版社，1994年版。
4　陈雪花《浅议利玛窦"合儒"》，《浙江学刊》，1991年4期；陈典松《浅论利玛窦"补儒"》，《孔子研究》，1993年2期；康志杰《利玛窦论》，《湖北大学学报》，1994年2期。

"很早以来中国人最大的特征就是注重学问以及他们对之所树立的荣誉。他们的英雄人物不是武士，甚至也不是政治家，而是学者。[1]"博学，历来被中国的士大夫视为荣耀与骄傲，而利玛窦带来的科学技术知识，正是凭借这种古老文化风俗才博得了上层人士的好感，再由于他们的帮助，利玛窦才得以在中国立足。但这一基础也因此而带有脆弱性。

天主教再次来华后，发现"利玛窦规矩"仍然是绕不开的，在晦暗积弱的 19 世纪如此，在动荡不安的 20 世纪也是如此，在21 世纪的今天初步走向民族复兴的中国也是如此[2]。这使得我们不得不思考：不同文化传统对基督信仰的纯洁性的影响究竟有多大？文化适应路线究竟如何保持基督信仰的主体性？真的存在或者说有必要存在基督信仰的"原教旨"吗？信仰问题和文化传统、政治权力之间的分际究竟如何界定？利玛窦似乎告诉了我们，他开启的道路以及带来的困惑，同样是人类的财富。利玛窦以及他的追随者的多重肖像：殖民先驱、传教士、儒者、文化使者、使徒、教徒等等，正在被不同的地方的人们以不同的角度在检视。那位梯波航浪八万里、只认他乡为故乡的北京西郊的长眠人，知乎？罪乎？[3]

从历史回到现实，存在于中国的宗教从表面上看主要是基督教（新教）、天主教、佛教、伊斯兰教 4 种世界性宗教以及中国本土的道教，但事实上中国社会中的宗教状况非常复杂。这种复杂性与中国是一个多民族社会有直接关系。前述 5 种宗教在中国56 个民族中都有数量不同的信徒，汉族也有传统的民俗宗教[4]，55 个少数民族中除了信仰伊斯兰教的民族外，大多有自己的传统

1　韦廉臣：《同文书会章程、职员名音、归起书和司库报告》1887 年。
2　张志刚、唐晓峰、卓新平主编：《基督教中国化研究》，宗教文化出版社 2013 年。
3　贾未舟：《无题》，《Matteo Ricci and China》序言，波兰密兹凯维奇大学出版社2011 年版。
4　［日］渡边欣雄：《汉族的民俗宗教》，周星译，天津人民出版社 1998 年版。

宗教或原始宗教[1]。不同宗教在不同程度上持续地方化和民族化的过程中，和地方性的民族宗教、民族习俗发生了形态各异的融合、互动，导致这些宗教在各个地区、民族、社会中的表现具有差异性和多样性，宗教表现出纷繁的状态[2]。利玛窦在中国生活的时代距离当代世界已经过去了4百多年，基于他把归化中国作为人生奋斗的目标而主要生活在晚明时代的中国这个事实，因而从中国文化及中国视野看利玛窦现象就显得必要[3]。因此，研究利玛窦，研究中西文化交流上的这一段事实，是基于历史，更是面向未来。

---

1 杨学政：《原始宗教论》，云南人民出版社1991年版。
2 牟种鉴：《民族宗教与社会和谐》，载《中国宗教》2005年第4期。
3 黎玉琴：《岭南文化圈时期的利玛窦》，武汉世界图书出版公司《言犹未尽利玛窦》2013年版。

第一章
岭南双城：澳门与肇庆

第一节 澳门的流金岁月

如画风光饶雅兴，娱人景色此中寻。位于中国南陲、珠江口岸的澳门半岛，在过去的 5 个多世纪中，由于历史的因缘际会，遂成为一个东西方文化相遇和交流的金桥。

澳门见证了 17 世纪来自欧洲的海洋强权的兴衰，也背负了 18 世纪大清帝国的沧桑，而在中国近代历史的狂澜中，澳门也从未缺席。

澳门是中美望厦条约的签订地，林则徐曾到澳门坐镇充公英商囤积的鸦片，关闸的中英之战为第一次鸦片战争揭开序幕。梁启超、康有为曾经在这里开办《知新报》，宣传维新思想；孙中山在澳门悬壶济世，秘密结社，发表推翻满清政府的言论。历史如明镜，鉴往知来。

作为中西文化交流的窗口，澳门的圣保罗学院是远东第一所西式高等学府，它也是西学东渐、汉学西传的摇篮，促进了中国这个古老国度的现代化。澳门是中西方文明双向接触的交汇点[1]。

素有"东方梵蒂冈"美誉的澳门，古雅的天主教堂在澳门本

---

1 张西平：《澳门与中西文化交流》，2014 年 7 月 22 日《人民政协报》。

岛，氹仔岛和路环岛各处可见；而中国传统的庙宇道观也散布各地。天主堂内望弥撒的信徒与上香祈福的善男信女相互并存，各不相扰，充分显示出小城同中求异、和而不同的和谐气息。

澳门还有一个很诗情画意的古名叫"濠镜"，它兼具中国南方的灵秀之气及南欧的浪漫风情，从4百多年前，自葡萄牙人于1553年登陆后，便默默地开始改妆，由一个纯朴的渔村，演变成一个名人商贾聚居之地。然而，澳门虽有十里洋场，笙歌载道的场面，却始终有它独特的含蓄，那种无法比拟的不炫耀，不俗气的繁华。

"蓊郁冬疑夏，苍凉春亦秋"的宜人气候，西望洋山上一幢幢掩映在绿树丛中的欧式洋房，恰似地中海煦灿的阳光，洒遍了这座美丽的小城，而烟水微茫的南湾晨曦，群峰晓翠，芳树斜阳的秀丽景色，使人浮想联翩。

在这个只有20多平方公里的蕞尔小岛上，古老的炮台，残败的民居，带上岁月烙印的古物遗迹，处处可见中西文化交融的独特风采和沧桑历练的痕迹。一砖一石，一树一物，东西方骚人墨客，流连徘徊，多会于此，览物之情，各有千秋。丰富的人文景观，风土人情，社会风俗与澳葡美食，无不散发出使人欲探个中奥秘的迷人气息。

凤凰花开，骊歌高唱。时光像飞奔过田野的风，一幕幕往事是风中低回的歌。澳门最值得浓墨重彩大书特书的，恰是明末清初。季羡林先生曾经说过："在中国5千多年的历史上，文化交流有过几次高潮，最后一次也是最重要的一次是西方文化的传入，这一次传入的起点在时间上是明末清初，在地域上是澳门。[1]"

1 季羡林：《澳门文化的三棱镜》，《羊城晚报》，1999年12月14日。

一、航向遥远的东方

威武的船队、强悍的勇士驶离卢济塔尼亚[1]西部海岸，越过自古杳无人迹的海岸。

——路易士·贾梅士《卢济塔尼亚之歌》

此地的宝藏便堆积如山，你的愿望在此就能实现。

——路易士·贾梅士《卢济塔尼亚之歌》[2]

你看那难以置信的长城

——路易士·贾梅士《卢济塔尼亚之歌》

世界正在越变越小。卫星可以在几分钟之内环绕地球一周，广播、电视和互联网可以传递最偏远地区的信息，飞机可以搭载乘客快速抵达地球的任意一个角落。但在150年以前，跨越大西洋还需要历时数个星期，从欧洲驾船去印度要花费好几个月；人们对亚洲内陆广阔的沙漠和草原、刚果潮湿闷热的热带雨林以及南极洲经年不化的冰雪都非常陌生。

欧洲中世纪时期，古希腊、古罗马的很大一部分地理知识都遗失了，或者不受人们重视。尽管欧洲人依然从中国和印度购买香料、丝绸和其他货物，但是只能通过阿拉伯的中间商，中国高度发达的文明并不为欧洲人所知。直到1240年前后，远东依靠自己的力量，让欧洲人重新找回了对它的记忆。当时成吉思汗领导下的蒙古游牧民族实力不断壮大，蒙古人首先攻占了宋，然后在拔都的领导下，西征到奥地利，并大破波兰与日耳曼的联军。不过在此之后，由于蒙古帝国内部各方势力对最高统治权的争夺，

1　卢济塔尼亚（Lusitania），古罗马行政区，相当于今葡萄牙的大部分区域和西班牙西部一部分，后以葡萄牙称之。卢济塔尼亚人，即葡萄牙人。
2　《卢济塔尼亚之歌》是葡萄牙伟大诗人路易士·德·贾梅士（Luis De Camoes，约1524–1580）于1572年出版的史诗，1988年张维民译为中文由中国文联出版公司出版。

致使蒙古不得不停止西征。1259 年，成吉思汗的孙子忽必烈成为蒙古帝国的新首领——大汗。1275 年，马可·波罗踏上中国的土地，这次中国之行拉开了所有时代中最激动人心的历险序幕[1]。马可·波罗的游记让欧洲人大吃一惊，同时也给他们带来了挑战。欧洲人首先必须承认，无论他们怎样标榜基督教高于一切，这个世界绝对不是只有这样一种生活方式。恰恰相反，基于完全不同的思维方式，这个世界上还存在着另外一种截然不同的精神生活。同时，马可·波罗打开了一扇东方宝藏之窗，透过这扇窗户，人们看见了西方世界无法比拟的繁荣，以及那些只能依靠阿拉伯中间商才能得到的宝藏。欧洲人认为，世界上一定还有其他可行的方法，让欧洲直接与这个位于远东的强大帝国进行贸易往来。15、16 世纪是人类文明史上一个最重要的分水岭，丝路上的驼铃，神秘的东方乐土，伴随着马可·波罗的旅行，欧洲探险时代的帷幕被徐徐拉开，在之后的几百年中，欧洲人被那些财富所驱使，不断探寻前往远东的新航路。

　　时至今日，我们之所以能够比古希腊、古罗马时代的人们更多地了解地球，这要归功于那些勇敢的航海家、大胆的探险家以及不断探索的科学家们。尽管存在很多真实和臆想的危险，但是探险家们还是走出了自己熟悉的环境，去寻找价值连城的香料、黄金和宝石。探险家们追名逐利的野心和兴致勃勃的征服欲，或者纯粹出于对外面世界的好奇和知识的渴望，使得他们义无反顾地去开辟新的贸易路线，向其他种族的人们传播他们所尊崇的文化与宗教，航海活动的客观后果却引发了世界范围的殖民化浪潮，开启了波澜壮阔的全球化历程。与其他文化的接触拓展了探险家们的世界观，丰富了他们的生活。但毋庸讳言，这些探险家们大

1　当然有些研究者质疑，马可·波罗是否真正的到过中国。他们推测，马可·波罗可能只抵达了波斯，关于中国的故事都是从那里看到的。因为马可·波罗对一些很典型的中国符号如长城和汉字只字未提，同样他对中国的描述也比较苍白并不像真的亲身经历一样。马可·波罗同时代的一些人也提出过类似的疑问，但这一切都不能削弱他这部著作对激发欧洲人探险意识的重要作用。

多以征服者的身份出现，他们争权夺利、残暴蛮横、传播疾病，给被发现地区的人们带来了巨大的灾难。

"地理大发现时代姗姗而至，世界性经济文化交流不断发展与加强，全球意义的世界历史由此真正诞生。[1]"此际的西方海外探险活动，最初既不同于古代亚历山大帝国和罗马帝国开疆拓土的军事扩张，也不同于以郑和下西洋为代表的中国航海者怀柔远人，向海外番邦小国宣扬大明恩威的政治做秀，而是为了攫取东方富饶的物产资源和寻找传说中失散于海外的基督徒。在这场惊天动地的历史大变革活动中，葡萄牙人粉墨登场，第一个接受了挑战。

中古时代，正当欧洲的十字军忙于征伐中东的"异教徒"，并企图夺回圣地耶路撒冷时，位于欧洲大陆最西端的葡萄牙却静悄悄地将目光从欧洲转移到波涛汹涌且蓝天无垠的大西洋。由于地理环境的关系，使得葡萄牙长期处于孤立状态。那时期高瞻远瞩的葡萄牙王子海因里希（Infante D.Henrique,1394 - 1460）了解到，只有航向深邃蔚蓝的大海，才有可能拓展葡萄牙狭小的生存空间，并实现爱海的葡萄牙人民的创造愿望和冒险精神，于是在父王约翰一世（King John I）的鼎力支持下，海因里希王子开始全力规划发展航海事业，并在萨格雷斯创办地理研究机构，搜集并研究航海相关资讯，在海因里希的宫殿里聚集了很多学者、天文学家、绘图员、航海家和制作仪器的匠人。凭着这位杰出领袖的智慧和领导，葡萄牙自 15 世纪以降的约 1 个世纪中，逐渐成为欧洲第一个海洋强国[2]。

1473 年，葡萄牙船队驶过赤道抵达刚果河口，1487 年，巴托鲁米乌·迪阿斯（Bartolomeu Dias）率船航行至非洲南端进而进入印度洋，1488 年成功通过欧洲的好望角，从此打开了欧洲经

1 刘章才：《试论耶稣会士在澳门的汉语学习》，澳门《文化杂志》中文版 92 卷 2014 秋季刊。
2 金国平编译：《西方澳门史料选粹》（15—16 世纪），广东人民出版社 2005 年 11 月版。

由大西洋绕道东非前往印度乃至东亚的大门。

在遥远的东方，除了生产给欧洲贵族享用的珍贵香料外，诸如遍地黄金、宝石和象牙的传闻，无不令商人和权贵们垂涎三尺，商人们伸出贪婪的手，补助组织远洋舰队的经费。在那些随时准备发现新大陆的航船上，除了野心勃勃的冒险家和水手外，还挤满了寻找财富的商人、传播福音的传教士、政治野心家、历史作家，甚至还有农民，他们一同漂洋过海，浩浩荡荡地向神秘的东方迈进，进而揭开了东方和西方历史相遇的新篇章。

1498 年，葡萄牙航海家华斯高·达·伽玛（Vasco da Gama）经过非洲东岸并于次年抵达印度的卡里卡特，首先发现了通往印度的海上航线，自此葡国开始在印度扩张其殖民势力。次年，伽玛除了将宝石、香料经印度洋直接运回祖国的里斯本外，还将从印度购得的中国瓷器献给葡萄牙皇室，这些精致细巧的瓷器立即引起葡皇对遥远古老中国的兴趣。葡萄牙人通过不断探索终于开辟了从大西洋绕非洲南端到印度洋的航线，打通了沟通东西的亚欧海上通道。

1508 年，当葡萄牙舰队入侵马来半岛的马六甲时，葡萄牙国王就谕令舰队同时调查中国的状况："要弄清中国人的情况。他们的国家是否强大？有几位国王？国内有没有摩尔人和其他不遵守法律及不信仰其宗教的民族。[1]"东来的葡萄牙人很快即搜集有关中国的情报，进而通过多种手段建立了与中国的商贸关系。1511 年 7 月，停泊在马六甲的葡舰发现了港内靠泊的 5 艘中国帆船，此乃有史记载中葡两国人民首次接触[2]。

后来，葡人若热·阿尔瓦利士（Jorge Alvares）于 1514 年从马六甲出发，带着货物首先踏足位于伶仃洋上的 Tamao（屯门，位于广东珠江口，香港与澳门之间的零丁洋上的港口）的中国领

1　田涛，李祝环：《接触与碰撞》，北京大学出版社 2007 年版，12 页。
2　金国平编译：《西方澳门史料选粹》（15—16 世纪），广东人民出版社 2005 年 11 月版。

土，并在岛上竖立一座纪念石柱，以志纪念。此后，葡国开始在该岛殖民，并与广东沿岸的中国商人和渔民从事海上贸易，不久，葡人更将触角伸展到浙江的宁波。但对财富的渴求并非葡萄牙人东进的唯一目的，自从罗马帝国灭亡以后，基督教在欧洲日益兴盛，其影响渗透于欧洲社会的方方面面。伴随着与信奉伊斯兰教的摩尔人的长期斗争，葡萄牙人对于传播基督教具有难以遏制的激情，所以，"在葡萄牙冒险家的东进过程中，与商人的狂热冒险同时进军的另一支队伍，就是这支天主教的传教士队伍。[1]"

1517 年，葡萄牙使团乘坐"葡萄牙国王号"第一次来华，这是中西方以国家形式正式交往的开始，从此海洋将中国和西方连接在一起，同时也使西方的法律和中国的法律开始了接触与碰撞。但由于明朝政府明令禁止中国人与佛郎机人（葡萄牙人）做生意，于 1519—1554 年间阻止他们进港，并攻击佛郎机人的船只，将葡萄牙人赶出浙江双屿、福建漳州的月港和广东珠江三角洲的屯门等地，于是意图染指中国的葡人便将目光转移到珠江三角洲的一个偏僻小渔港——澳门。濠镜（澳门别称），便从一座专供南中国海渔民捕鱼、采蚝的纯朴宁静的小渔村发展成为一个见证了中外历史的国际商港。

葡萄牙人在行贿有关的明朝官员后，入据澳门。"嘉靖三十二年，夷舶趋濠境（即澳门），托言舟触风涛缝裂，水湿贡物，愿借地晾晒。海道副使汪柏，徇贿许之。初仅蓬累数十间，后工商谋奸利者，始渐运砖瓦木石为屋，若聚落然。自是诸澳俱废，濠境为泊薮矣。[2]"约在 1572 年时，葡人将贿赂变成地租，以年租 500 两白银，至 1735 年变为年租 1000 两白银，将这个几乎荒无人烟的澳门半岛租下。直至鸦片战争后的 1849 年，几近 3 百年间葡人长期租居于澳门。澳门从此成为中国历史上第一块租

---

1 严忠明：《一个海风吹来的城市——早期澳门城市发展史研究》，广东人民出版社，2006 年，21 页。
2 印光任、张汝霖：《澳门纪略》，广东人民出版社《岭南丛书》点校本 1988 年版。

借给欧洲殖民者的商埠，而葡萄牙人则成为中国海上商人首批接触的西方人，他们同时也是唯一被允许长期在中国的领土上建立贸易据点的西方人。

自葡人于1572年租居澳门后，随着海外运输的发展，濠境（澳门）的人口在短短20年间（1561–1580）由5百人迅速增至2千人，澳门港已成为葡萄牙在东方海上称霸时代的重要港口。这里除了葡人和华人外，还有来自欧洲的英、法、德、意、西班牙，东方的日本和朝鲜，东南亚各国，印度和非洲黑人等不同人种聚集。其时澳门在国际上的影响力，甚至超过中国的广州、日本的长崎、菲律宾的马尼拉和马来西亚的马六甲。而明朝因为倭寇和海盗的滋扰，厉行海禁，不仅关闭了沿海各海港，闭关锁国，也束缚了中国航海商人与东南亚各国的往来发展，使得葡人靠着澳门港主导了中国的进出口贸易，澳门甚至一度成为中国对外贸易的唯一国际市场通路。

由于中国当时对外贸易的重要对象为日本、暹罗、马六甲、马尼拉、印度的柯钦、果阿和欧洲等国家，于是葡萄牙人便操控了以澳门为转口港的4条国际航线[1]，分别为：

1. 欧洲航线：澳门→马六甲→印度果阿→葡萄牙里斯本。这条航线主要从中国出口丝织品、天鹅绒、锦缎、黄金、宝石、瓷器、麝香、糖等。回程则运载毛织品、水晶、琥珀、象牙、葡萄酒、英国时钟等商品。

2. 亚洲航线：澳门→日本长崎。由中国输出绸缎、生丝、茶叶、樟脑、中药材、丝织品等商品，回程则换回日本的白银、漆器和造船的木材等。自15世纪末期到17世纪初期，中国生丝的主要市场在日本，而中国急需的白银则大部分源自日本。明朝中叶中日交恶，中国的商品大部分得经由澳门转口，使得得天独厚

---

1 严忠明：《一个海风吹来的城市——早期澳门城市发展史研究》，广东人民出版社，2006年，27页。

的葡人，从这条航线赚取了巨额的利润。

3. 美洲航线：澳门→马尼拉→墨西哥→秘鲁。因船上主要的货物 90% 都是中国的生丝和纺织品，人们称这条航线为海上丝绸之路。据估计，这条远东贸易航道，带给葡人高达 300% 的利润，所以这条航线不啻为葡国的生命线。但与此同时，葡萄牙率先在远东赚取到巨大利润的贸易商机，进而成为日后欧洲其他国家图谋掠夺远东各地资源的导火线。西班牙于 1570 年占领菲律宾，继而被海上崛起的强国——荷兰所打败，荷兰自此取代西、葡，成为海洋上的新霸主，此后荷兰的远洋舰队沿着葡人所发现的印度洋航线，向远东推进，扩张其殖民势力，并在东南亚夺取了许多原属于葡萄牙的殖民地。1601 年，荷兰人在企图攻打澳门失败后，便沿着中国海岸北上，先后占据了澎湖和台湾，并要求与中国互市。华夏民族的命运在西方列强船坚炮利的压力下渐渐改观。

4. 东南亚航线：澳门→东南亚巽他群岛（包括爪哇、苏门答腊岛、加里曼丹、巴厘岛、文莱及帝汶等）。中国输出生丝、茶叶、丝织品和瓷器等商品。回程则收购帝汶有名的檀香木，马鲁古群岛的丁香、豆蔻、胡椒等香料及热带产品，运回澳门后再转运中国内地或转销欧洲[1]。

二、 前进中国，必经澳门

16 世纪初叶，欧洲的社会随着文艺复兴运动的发展、科学技术的进步及创新活跃的思想而发生了巨大的变化，于是这种崭新的文明便随着基督教远道东来。此时，位于南中国海的澳门遂成为东西方文化交流的桥梁。

罗马教廷于 1576 年（明万历四年）颁发谕诏，成立澳门教区，负责远东地区的教务。在此背景下，澳门不仅成为中西贸易基地，

1　黄仁达：《澳门：红颜未老》，台北商智文化出版社，1999 年版。

也是天主教在东方的驻地、东方传教中心。此后，澳门的教堂愈建愈多，继圣安东尼堂（花王堂，约建于 1565 年）和圣老楞佐堂（风顺堂，建于 1575 年）、望德圣母堂（疯王堂，建于 1576年）、玫瑰圣母堂（板樟堂，建于 1584 年）之后，巍峨雄伟的圣保罗教堂（大三巴，The Church of St.Paul）也于 1563 年开建至1603 年最后落成。大三巴在耶稣会的主导下，由澳门本地的工匠和流亡到澳门的日本天主教徒共同努力建造而成。巍峨的大教堂糅合了意大利、中国、日本的艺术装饰风格，象征日本的菊花与中国的莲花图案并列，原楼高五层的教堂前壁，第三层的左右两边，则用中文镌刻"圣母踏龙头""鬼怪诱人为恶"等箴言，其中式楹联与周边西洋浮雕的结合，完全体现了中西合璧、入乡随俗的精神。这座澳门人习称为三巴寺的圣殿更于 1594 年发展成神学院，成为远东区第一所大学。每当有传教士前来中国或者日本传教，总是先到澳门，寓居于三巴寺，一方面演习中文或者其他东方语文，一方面筹措经费并等候机会进入中国、日本及其他地区宣导上帝的意旨。圣保罗学院因此成为天主教在远东地区的大本营。1549 年，耶稣会 7 位创办人之一的沙勿略神父（Francisco Xavier）就从澳门出发前往日本开教。1550 年，葡萄牙船第一次停靠长崎平户，天主教也随之传来 [1]。1570 年开港的长崎成了面向葡萄牙的贸易港口，因此大量的西洋文化流入长崎。其后，荷兰商人也来到长崎进行交易。1641 年以后，日本闭国自封，只允许在长崎和中国、荷兰通商，这样的情况一直持续了 200 多年。

在众多接受培训的学员中，不乏具有博士头衔的修士和在华传教史上的知名教士，例如：陆若汉、罗明坚、利玛窦、汤若望、南怀仁等。这些青史留名的教士们知道，如要在中国传道，首先必须了解中国的风土人情，学习中国的语言，才能建立文化沟通的桥梁。"耶稣会士并不满足于在澳门传教，而是以澳门为基地

1　张波：《长崎的中国缘》，《DEEP LIFE》2014 第 4 期。

进入中国内地开展更广泛的传教活动。[1]"据统计，"1583 年至
1805 年，由澳门入中国内地传教的耶稣会士多达 467 人，为该时
期来中国耶稣会士的 80% 以上。[2]" 16 世纪中叶以前，有 30 多位
耶稣会修士和 20 多位方济各会的修士曾经分别申请到中国定居，
但都未能成功，他们被拒绝的原因之一是不懂汉语。"前往中国
内地、日本的传教士，还需在澳门登岸，在此学习两者的语言文
字。[3]"当意大利神父范礼安于 1578 年抵达被罗马教廷册封为"上
帝圣名之城"（City of The Name of God）澳门后，据传说，他曾
经站在澳门寓所窗前，远眺中国大陆，慨叹中国为什么不对传教
士敞开大门。于是乎他发起了前往中国传教的活动。出生于意大
利的罗明坚神父，于 1579 年抵达澳门后，便努力学习中文和中
国礼仪。罗明坚在澳门学习了两年中文，在熟记了 1 万余个中文
单字并学习了中国的礼仪习俗后，才于 1580 年前往广东肇庆定
居和传教。至于利玛窦，飘然有儒风，为中西文化交流架起了一
座互补长短的桥梁，也为众多紧跟其后进入中国传教的天主教修
士们树立了一个获天朝信任、让中国民众接受的榜样。日后，清
朝康熙帝甚至谕令前来中原的"夷人"必须先到澳门学习中国礼
仪、语言，以利玛窦为榜样。曾参与北京圆明园设计备受清乾隆
皇帝重用的御用画师——郎世宁，便是其中一个很明显的例子。

如果说福建泉州是融汇唐朝文化与阿拉伯穆斯林文化的一个
繁荣商港的话，那么澳门便是自 16 世纪以降，西方天主教及其
文化前进中国的基地了，修士们的目的很明确，使中国人同基督
教国家的大众一起承认和崇拜真神上帝，除了华语是必备的沟通
工具，还得凭借知识的力量，将中国尚无所悉的先进科学、艺术、
音乐知识随着上帝的福音传入内地，以收布道之效。而中国的有

1 黄启臣：《澳门通史》，广东教育出版社，1999 年，118 页。
2 朱亚非：《明清史论稿》，山东友谊出版社，1998 年，170 页。
3 ［瑞士］龙思泰：《早期澳门史》，吴义雄等译，东方出版社，1997 年，31 页。

识之士，也开始通过向修士学习、汲取西方新颖的科学和文化知识，以促进中国现代化的发展。

自 16 世纪 80 年代到 18 世纪末的 2 百年间，经由澳门圣保罗学院修士们引进中国大陆的西方科学、文艺经典书籍简介如下：

中文姓名	原名	国别	抵达澳门时间	生平	事迹著作／翻译
陆若汉	Joao Rodriguez	葡萄牙	1614	？—1634	在澳门组织葡人火枪队，洋炮队为明朝边防效力
傅泛际	Franscisco Furtado	葡萄牙	1620	1587–1653	翻译亚里士多德著作六卷，名理探十卷
利玛窦	Matteo Ricci	意大利	1582	1552–1610	翻译《几何原理》、《欧几里得书》、《测量法义》，著作《西琴八曲》、《西图技法》等书
艾儒略	Giulio Aleni	意大利	1610	1582–1649	著作《万物真源》、《几何要法》、《西学凡》等书
金尼阁	Nicolas Trigault	法国	1610	1577–1628	著作《推历年瞻礼法》，曾募集欧洲书籍七千册携来澳门
巴多明	Dominicus Parrenin	法国	1698	1665–1741	著作《德行谱》、《济美篇》等书
汤若望	Adam Schall Von-Bell	德国	1620	1591–1666	著作《西洋测历法》、《远镜说》等书
南怀仁	Ferdinand Verbiest	比利时	1658	1623–1687	著作《坤舆图说》、《西方纪要》等书

| | Diogo de Pantoja | 西班牙 | 1599 | 1571-1618 | 著作《人类原始》、《四大渊地图》等书 |
| 庞迪我 | | | | | |

从 1594-1807 年间，自澳门圣保罗学院毕业而进入中国大陆的修士就有 109 人，而这批早期通晓中文、熟谙中国诗书的耶稣会修士遂成为研究汉学的主力，他们并且将钻研中国文化的心得和著作传播回西方，是为汉学西传：

中文姓名	原名	国别	抵达澳门时间	生平	著作/译作
谢务禄	Alvare de Semedo	葡萄牙	1613	1585-1658	著作《中国通史》《字考》
郭居静	Laro Caffaneo	意大利	1594	1560-1640	与利玛窦合编《中文音韵字典》
马若瑟	Joseph Maria Premare	法国	1698	1666-1735	拉丁文著作《中国语札记》、法文著作《易经》《中国神话之研究》，将元曲《赵氏孤儿》译为法文
雷考思	Jean Baptiste Regis	法国	1698	1663-1735	曾测量河南、福建、台湾等省地图，拉丁文翻译《易经》
赫苍碧	Julius-Placidus Hervieu	法国	1701	1671-1745	法文翻译《诗经》、《古文渊鉴》《列女传》等
宋君荣	Antoine Gaubil	法国	1722	1689-1759	著作《成吉思汗传》《蒙古史》等书，法文翻译《诗经》《书经》，法文译注《易经》
钱德明	Jesa-Jseph-Maria Amiot	法国	1750	1718-1793	著作《满蒙文法》、《满法字典》《孔子传》《古今音乐篇》《中国古代宗教舞蹈》

汤若望	Adam Schall Von-Bell	德国	1620	1591-1666	著作《浑天仪说》《奏疏四卷》等书
卜弥格	Michael Boym	波兰	1650	1612-1659	著作《中国植物》《医论》《中华帝国全图》等书
柏应理	Philippus Couplet	比利时	1655	1624-1692	著作《四末真论》，刊印西文《四书直解》，译《大学》《中庸》《论语》

除了中国的古典经籍外，基督教传教士也将中国的医学、农业思想、小说、戏曲、工艺美术和中原风俗有系统的向欧洲各国介绍，使得西方文化受中国传统文化的强烈冲击，汉学研究顿时成为欧洲知识分子的潮流。德国古典哲学家莱布尼兹就对中国儒释道 3 家思想备极推崇，高度肯定中国哲学的成就："欧洲文化的特长在于数学、思辨的科学，即使在军事方面中国并不如欧洲，但在实践哲学方面，欧洲人就大不如中国了。"除此以外，中国传统农业社会的思想也影响了法国启蒙时代百科全书派的魁尼，他除了呼吁法国政府重视农业、倡导中国化外，还以其御医的身份，于 1756 年建议法王路易十五，仿效中国皇帝举行春耕"籍田大礼"的仪式[1]。

1766 年中国小说《好逑传》翻译成德文后，甚获歌德的钟爱，他对《好逑传》的评价是："中国人有千万部这样的小说，当他们开始创作这些作品的时候，我们的祖先还在树林里生活。[2]"

另外，举凡茶艺、瓷器、漆器等中国的生活艺术和工艺品，也成为欧洲贵族追求时髦的对象。酷爱中国瓷器的法国大文豪雨

---

[1] 陈振尧：《法国文学史》，外语教学与研究出版社，1989 年版。

[2] 歌德倡导"世界文学"，表明了他的智慧和远见。1827 年，他看到了中国小说《好逑传》，歌德说这本小说里所思考的问题与我们完全一样。他认为世界文学的时代已经到来，并在一篇文章中主张推动文学全球化的进程："如果不能做到相互友爱的话，起码要相互容忍。"语见范大灿、任卫东等著《德国文学史》，上海外语教育出版社 2007 年版。

果除了珍藏了大批中国精致的瓷器外，并于1851年写下一首赞美中国瓷器的诗作："来自茶国的处女，在你迷人的梦境里，苍穹是一座城市，而中国是他的郊区。……在釉彩鲜艳的陶瓷上，绘着天真的象征——蓝花。"

三、中葡文化你侬我侬

应当说，此时的澳门得天时、地利、人和之便，由于明清的长期海禁和闭关自守政策，澳门成为当时天主教和欧洲文化进入中国的重要门户，无限商机之外，中西文化也在这里找到他们的契合点，而中葡间不同的文化传统、生活习惯也经由贸易、科学和技术的交流而相互涵容。举凡多元化的人文色彩，中西结合的城市风格，西望洋山的松涛，南湾沿岸随风摇曳的老榕树，夜幕低垂、繁星点点的黑沙湾等自然景观，也激起文人的闲情逸趣而成为诗人吟哦的对象。尤其是澳门独特的文化与异国情调，更洗涤了不少东西方骚人墨客的心灵。

1. 物种交流，漂洋过海

民生方面，诸如西方的玉米、生菜、红薯、卷心菜、胡椒、洋葱、土豆、西洋菜、芋头、西红柿、无花果、腰果、人参果、番石榴、菠萝和经过葡萄牙人改良的芒果等，也自16世纪中叶开始，从欧洲、南美洲经印度、澳门传到远东。

而中国的柑橘被引介到西方，水仙花、牡丹花、兰花、山茶花等也开始在欧洲的花园内争妍斗艳。鼻烟是葡人从巴西传入中原，但有趣的是，装填鼻烟所使用的精致瓷器和琉璃鼻烟壶则产于中国。葡人将原产于巴西的含羞草属的兰花楹和红花属植物印度榕树、鸡蛋花等移植到南中国，而鸡蛋花已经成为现在广东肇庆的市花。至于樟脑、珊瑚、大黄、肉桂、中国丝绸、日本刺绣、沉香、麝香、东帝汶的檀香木、菲律宾的珍珠母等则从澳门经马六甲、印度源源不断地运回里斯本，而原产于南美洲的金鸡纳霜、吐根等特效药就由传教士带入中原。

茶叶则从 16 世纪开始，由葡萄牙人和荷兰人经福建、澳门，循海路大量地介绍到西方去，中国的茶叶甚至改变了欧洲人的饮食文化。约 1816 年时，葡人从澳门将大批华工和种植茶叶的技师送到巴西，开始垦植茶园。

2. 水钟、天文仪器与火器

在花园造景与科技方面，葡萄牙神父为北京的圆明园设计了一座包括碾米磨坊、小瀑布、小河流和缩小比例的村庄模型。此外，还在这座令人瞩目，富有欧洲巴洛克风格的中国御花园内建造了一座甚得清乾隆皇帝喜爱的水钟（即著名的"大水法"）。钟面上雕着中国的 12 生肖，每小时水流依顺序自每一种动物的口中流出。每到正午 12 时，所有生肖的嘴巴便会一起喷出水柱。但很可惜这座美轮美奂的御花园在八国联军的蹂躏践踏下，已全部付之一炬。

在天文学的研究中，中国人比西方人更早发现太阳黑子，并接受天体乃悬浮在无限空间中的概念，而葡萄牙的东方传教会教士则把高等几何、代数、先进的技术运用到中国的几何学中，并制作了天文仪器。中国 16 世纪杰出的科学家徐光启引进并仿制了西洋火器，使得澳门成了葡人在远东铸造大炮的大本营。

至若瓷器，如景泰蓝、磁砖的烧制技术自 17 世纪便使葡萄牙的本土瓷器工业受到强烈的冲击，葡萄牙人自此开始依从中国的技术烧制磁砖，其中最受葡人喜爱的白底蓝色图案磁砖，在葡国及澳门均随处可见。中国的麻将也传入葡国，扑克传入澳门，经过多年的交融，澳门的文化习俗已难再分出何者为中，何者为西了。

四、佛朗机人（葡萄牙人）众生相

被誉为中国莎士比亚的明朝戏曲作家汤显祖，因上疏弹劾朝中贪赃枉法未受明神宗采信被贬职广东。1591年，当汤显祖赴广州和香山时，曾经顺道到香山屿游历。当时正值澳门与日本贸易的全盛时期，汤显祖描述了当地腰缠万贯的佛朗机人（葡萄牙人）的生活习惯："不住田园不树桑，俄珂衣棉下云樯……[1]"他还注意到年轻活泼，身材婀娜多姿、"蔷薇露水拂朝壮[2]"的葡萄牙少女热情奔放的性格与东方姑娘端庄含蓄的表现大相径庭。

1598年，汤显祖完成了《牡丹亭》这部传世作品，剧中女主角杜丽娘突破封建思想、勇敢追求爱情和生命自由的态度，在作品问世后，立即家喻户晓，几令《西厢记》减价。"这般花花草草由人恋，生生死死随人愿，便酸酸楚楚无人怨。"《牡丹亭·寻梦·江儿水》的情节，道尽了中国封建婚姻制度下的女性心声，《牡丹亭》中的《游园》与《惊梦》，直到现在仍是评剧中最受欢迎的曲目之一。汤显祖还将游历澳门的经验融入该剧中[3]，如："一领破袈裟，香山与里巴（注：指澳门三巴寺）。多生多宝多菩萨……"（《牡丹亭·谒遇》）。在澳门生活的葡萄牙天主教徒所奉行的一夫一妻制度，也许曾经带给汤显祖莫大的思想冲击吧。

自利玛窦于1601年1月24日抵达首都北京并进而留在中国传教后，欢喜若狂的澳门圣保罗学院修士们便源源不断进入中国大陆传扬教义，在他们的努力下，信奉天主教的华人渐渐增加。1682年出生于山西省平阳县的华人基督徒范守一（1682–1753）在耶稣会传教士的指示下，于1708年1月4日，在澳门登上了

1　龚重谟：《汤显祖描写澳门的两首诗》，《文史知识》1994年第1期。
2　徐朔方：《汤显祖和利玛窦》，《文史》12辑，中华书局1980年。诗作名为《瑞州逢西域两僧破佛立义，偶成二首》，可参见徐朔方笺校：《汤显祖诗文集》（上），上海古籍出版社1982年第440页。
3　汤开健：《汤显祖与澳门》，《广西民族学院学报（哲学社会科学版）》2001年05期。

一条航向欧洲的远航商船，前往罗马研读拉丁文并担任见习修道士。1709 年 9 月，船只抵达葡萄牙的里斯本。1720 年，被罗马教廷委任神父教职的范守一从罗马回到澳门，继而在广州、北京展开传道工作，直到 1753 年逝世时为止，范守一投入了 33 年的精力在传教的活动上[1]。

清代有文人鲍俊曾写有《行香子·澳门》一阕："濠镜波平，四面钟色。耶稣果供供香迎。帘垂粉壁，小镇莲茎，看海东西。高楼下，艇纵横。"

清乾隆年间，曾先后担任"澳门同知"一职（专司管理稽查澳门民番一切诉讼事务）的官员印光任和张汝霖，于 1571 年合作写成《澳门纪略》一书，记述了清朝以前的澳门文化、历史、地理和社会风情[2]。

《澳门纪略》全书约 6 万字，分为两卷三篇，下卷的《澳蕃篇》精彩地记录了旅澳葡人的生活起居、习俗风尚、语文信仰和船炮技术等细节。书中对澳门葡人的饮食风俗如此描述："饮食喜甘辛，多糖霜，以丁香为稣。每食必击钟，盛以玻璃，荐以白毡（注：指棉桌布）……"；"几无案匕箸，男女杂坐，以黑奴行食品进，以银叉尝食炙……"；"黑奴男女，以手传食，酒以葡萄，注以高碗。槟榔裹以扶留叶……"。对欧洲人婚姻关系的描述为："婚姻不由媒妁，男女相悦则相耦……"，对葡人的介绍如："男以

1　熊育群：《飘过澳门的身影》，《散文选刊》2010 年第 2 期。
2　《澳门纪略》是专记澳门的地方志书，是世界和中国历史上第一部系统介绍澳门的古籍著作。著作由印光任、张汝霖所编撰，于 1751 年完成。《澳门纪略》的著者由于"历海岛，访民番，搜卷帙"，搜集了大量澳门地方的第一手资料，介绍了澳门历史、地理风貌、中西文化、风俗民情、民间技艺等，并附有插图 21 帧和 400 多条中葡对照词语。《澳门纪略》共三篇，分上下两卷：上卷分别为《形势篇》和《官守篇》，《形势篇》着重于介绍澳门及其周围地方的地理风貌、气候潮汐及布防位置等，并附有澳门海图；《官守篇》主要介绍澳门的历史沿革，中国历代政府在澳门设官管治及有关政令、措施等，其中明朝部分占三分之一，清朝占三分之二，着重介绍乾隆朝代的有关史事，详尽记载了明清时期中国政府对澳门政治、军事等方面的主权管理。下卷为《澳蕃篇》，占全书一半的篇幅，详述外蕃贸易往来、宗教信仰和风俗民情等，并配有中葡居民的穿戴服饰、西洋技艺等图画。该书广东人民出版社 1988 年曾收录于《岭南丛书》点校本，最新版本由赵春晨校注，澳门文化司署 1992 年出版。

黑氊为帽，檐折为三角，饰以嵌花金片……衣之制，上不过腹，下不过膝，多以羽毛……金银丝缎及佛山所织洋缎为之……"；"女则隆冬惟一衫，仅及腰；下裳三重：一至膝、一掩胫、一覆其足，以五色洋绢为之……"

书中对传教士的描述为："利玛窦居澳二十余年，尽通中华言语文字，其人紫髯碧眼，颜如桃花，年五十岁如二、三十岁人，见人膜拜如礼，人故乐与之交。"

此外，诸如澳门巧丽的风景、矗立在东望洋山上远东最古老的灯塔、百花吐艳的花园和欧式建筑的描绘、三巴寺衣衫翩翩，吟哦不辍的僧侣、教堂悠扬的钟声、丰富的人文色彩，都巨细无遗的记录在书中的字里行间。《澳门纪略》这部书遂成为研究澳门文化，也是全世界最早记录澳门历史的专书。

澳门自 16 世纪中叶起，走过了中国明清改朝换代的历史，也由于中国长期的闭关自守政策，让澳门享受了自 16 世纪末期开始，近 1 个世纪的富贵繁华与黄金时期，进而成为东西方经济和文化交流的重要国际商埠和桥梁。这东方第一大埠的称号，一直维持到第一次鸦片战争，《南京条约》签订后，中国开放广州、厦门、福州、宁波、上海五口通商，实行自由贸易。实际作用是打开中国大门，使中国成为西方列强的商品倾销地，并逐渐破坏中国原有的经济结构。中国门户渐开，中外贸易从此不必再经过澳门，加之英国人割据了香港也实行自由港政策，各国商船可以自由进出香港，靠泊澳门的商船从而剧减，自此，曾经叱咤风云的澳门港，光芒渐渐由英国的殖民地香港所取代。

有两名法国侯爵莫高和特拉维斯（Marquis de Mogos et de Trevise）于 1857 至 1858 年间出任法国大使馆驻远东区的官员时，曾到澳门一游。他们对港澳的印象是："香港代表着将来与商业的发展，澳门则属于一座宁静及往昔的城市……澳门曾经是中国与欧洲之间唯一的联络中心，不少伟人亦曾在澳门居住。市内的教堂、修道院及具有纪念性的建筑物皆已因年代久远而发黑……[1]” 随着黄金岁月的流逝，澳门的阶段性任务也即将完成，风流总被雨打风吹去：

岁月早已使你黯淡

寂静的长路如此寂静

花园里的长椅空了

稀疏的竹影走不进

你毫无色彩的梦

你回答不了我的提问

只能随意指点疾掠过的飞鸟

无心阅读

古旧的残碑剥落的铭文

第二节 明末清初的肇庆

身为全国历史文化名城的肇庆，是广信文化的起源地，广府文化的发源地之一。作为岭南风水宝地，江湖山城相得益彰，其人文地理可以概括如下："一方宝地，两仪抱城，三才济会，四向得利，五教并存，六朝风流，七星列地。[2]" 一方宝地：纵观古今中外，人类早期大多数城市的建立，都有着出奇的雷同，那就是"依山傍水"。除却沿海，沿江靠山之沃野，那就是最适合建城的地方。两仪抱城：巍巍北岭山为阳，滚滚西江水为阴，一阴一阳，抱着浩淼壮阔的星湖，形成了天然太极图，然后湖与城、湖与七星岩又是另外两重太极。三重太极，华夏一绝。三才济会：

1　黄仁达：《澳门：红颜未老》，台北商智文化出版社，1999年版。
2　百度百科："肇庆"词条。

天机地利人文有机结合。北回归线穿过肇庆，四季温暖如春，这就是上天所赐一个很好的机遇。扼两粤咽喉，势居高要。博大精深的岭南文化兴盛繁荣，是广府文化的源头。四向得利：东是广东的水城，西是西江明珠，南是岭南古郡，北是粤北要冲。五教并存：佛教、天主教和伊斯兰教，以及中国本土的道教和儒家学说，都在肇庆这片小小的土地上开花结果，堪称宗教博物馆。鼎湖山最兴盛的时候，除白云寺、庆云寺外还有36招提。六祖惠能于此间怀会止藏16年，禅宗于此发扬光大，鉴真和尚的日本弟子荣睿为唐代中日宗教文化交流写下了浓重的一笔。利玛窦在肇庆登陆，给中国带来了天主教及西方科技。但这些，并不妨碍伊斯兰教、道教及儒家学说的发展。六朝风流：隋唐始发，盛于宋元，自明嘉靖四十三年至清乾隆十一年，肇庆作为两广总督府所在地长达180多年。雄伟古朴的宋城墙，依然屹立在这片土地之上。七星列地：七星落地上，天柱立中流。山多红豆树，窗对白鼍洲。月下开菱镜，云间结彩楼。在大陆及台湾地区，有几个地方叫七星岩，但唯独肇庆七星岩对得起这名号。七座岩山按照北斗七星之方位排列在湖面，斗柄向东，天下皆春，大自然之鬼斧神工，令人叹为观止。

明清易代之际，肇庆曾经为中西文化交流书写了不朽的光辉篇章，这和肇庆当时两广总督府驻节之地的地位是分不开的。

查历史文献可知[1]，两广设置总督之历史沿革始于明代景泰三年（1452年），然而这一建制在当时尚不稳定，到成化元年（1465年）才成定制。在明代督抚是中央派出的钦差大臣，与三司之间名义上仍是中央官与地方官的关系，地方上日常事务仍由三司管理。到了清代，这种地方政治体制变革终告完成，总督作为封疆大吏的地位确立，1469年至1566年，两广总督府设在梧

1　文中明末清初肇庆历史部分，主要参考《广东通志》《肇庆府志》《岭南文史》《西江日报》等资料，并借鉴台湾学者黄一农曾倡导所谓"e—考据"，由相关史料联缀而成。

州，1566 年至 1644 年，两广总督府改设肇庆，清代正式官衔为"总督两广等处地方提督军务、粮饷兼巡抚事"，是 9 位最高级的封疆大臣之一，总管广东和广西两省的军民政务。1735 年，两广总督府设在肇庆。1746 年以后，两广总督驻扎广州。

明崇祯十七年 (1644 年) 三月，闯王李自成率农民起义军攻入北京，崇祯皇帝自杀，随后清军入关，不到两年的时间里，南京的福王、浙江的鲁王、福建的唐王三个晚明奉朱氏正朔的政权在清军围剿下相继崩溃。清顺治三年 (1646 年) 十一月初八日，两广总督丁魁楚、广西巡抚瞿式耜、原兵部尚书李永茂等一大批文臣武将共同拥立朱由榔监国（代理朝政）于肇庆。后来由于唐王的弟弟朱聿鐭在广州成立绍武政权，朱由榔等人为速正大位以维系人心，也匆忙在肇庆登基，建立南明在广东的第二个政权，以丽谯楼为行宫，以次年为永历元年。永历帝登基之日在城外阅江楼举行了阅兵仪式，除了来自南方各省的大臣外，意大利、西班牙、葡萄牙、暹罗（泰国）、安南（越南）等国的使节也纷纷前来祝贺。

朱由榔，本为明神宗之孙，桂恭王朱常瀛少子，初封永明王，为人懦弱寡断，昏庸无能。在抗清名将何腾蛟、瞿式耜等的支持下，尤其是大顺、大西农民军与之联合抗清，永历政权得以生存下来，支撑台湾及中南、西南数省半壁江山，声势颇大。顺治五年春收复了湖广、湘桂部分地区。顺治九年收复广西全境。接着北取长沙，东扫江西，收复二州十六郡。但永历朝政腐败，统兵将帅专横跋扈，朝廷中宦官专权，朋比为奸，内讧激烈。朝廷中吴楚两党争权夺利，互相攻击，吴党基本是随永历自广西来的旧臣，楚党多是新归降的一众。楚党在永历朝廷占上风，可是，他们不愿意与农民起义军联合抗清，给清军提供了各个击破的可乘之机。

永历王朝刚刚建立，清军重兵压境，朱由榔束手无策，只是日夕祈求上天保佑，甚至在七星岩水月宫兴建歌舞场。文武臣工，醉生梦死，歌舞升平以致通宵达旦。永历三年(1649年)底，战争形势急转直下，粤北南雄州、韶州相继失守，广州告急。此时的肇庆已风声鹤唳，人心惶惶，老百姓开始纷纷逃难。永历四年(1650年)正月初八晚，永历帝也遁逃。顺治十五年4月，清军主力从湖南、四川、广西三路进攻贵州，年底进入云南。大西军精锐损失殆尽。十六年正月永历帝狼狈西奔，进入缅甸。十八年吴三桂率清军入缅，同年12月永历帝被俘。次年4月与其子等被吴三桂缢杀。南明最后一个政权覆灭。

　　与南明永历帝发生直接联系的西方传教士，乃波兰人卜弥格。公元1612年，卜弥格出身于波兰勒阿波城一个笃信天主教的贵族家庭，从小就受到了良好的教育。1639年加入耶稣会。由于他擅长于数学和生物学，耶稣总会认为宜派往中国北京，进入钦天监工作，以期在对华传教中起中坚作用。1642年，卜弥格由里斯本乘船前往澳门，经过3年的海上行程，1645年(清顺治三年)抵达越南北圻，旋即去中国海南岛传教。

　　卜弥格来华以后的传教活动和学术活动是在明清鼎革之际动荡的环境中度过的。卜弥格来华的时间是1645年，这是中国历史上一个大动荡、大变革的时代。在北京，一个新的封建王朝清朝刚刚定鼎，满族八旗铁骑尚未完全征服长江以南地区。在四川，张献忠建立的大西农民政权开始进行抗清斗争。在湖广，明末农民领袖李自成牺牲于湖北通山九宫山以后，其余部仍在这一带活动。面对分裂的格局，清王朝开始了统一全国的民族征服战争。此时，战争使卜弥格无法深入中国内陆，只能辗转海南一带进行传教活动。

　　1650年(顺治七年，永历四年)，清朝已经统治了大半个中国，继南明弘光、隆武政权之后的永历小朝廷隅居广西。卜弥格从海南到澳门，接受了耶稣会副区长、葡萄牙籍传教士曾德昭(Alvarede Semedo)的派遣，前往广西永历朝廷传教。1651年，卜弥格受永历皇太后之托，携皇太后上罗马教皇书和耶稣会总长书及永历朝廷秉笔太监庞无寿上罗马教皇书，出使罗马，以求得到罗马教廷和欧洲天主教势力对永历朝廷的援助[1]。

次年，卜弥格抵罗马。可是，卜弥格的出使却受到教廷的怀疑，罗马教廷召开了 3 次会议，商讨如何处理卜弥格出使一事。直到 1655 年，教皇亚历山大七世才签发了答永历皇太后和庞天寿书，卜弥格得复书后，顾不得回波兰老家省亲，立即启程返华。

1658 年（清顺治十五年，永历十二年），卜弥格抵暹罗。此时清朝在中国的统治已基本稳固，永历小朝廷已被清军赶到了云南边境。他徘徊于中国边境，得知中国的全部已被清军征服，百感交集，于 1659 年 8 月因病殁于广西与交趾（安南，今越南）的边境。

卜弥格是一名虔诚、执着、勇敢的传教士，他作为永历王朝特使出使罗马教廷，在中国天主教史占有重要地位：这是中国和西方历史上，或者说是中国和罗马教廷关系史上第一次正式的外交活动[2]。

在晚明的最后几十年中，南明政权曾希望借助天主教的力量，弘光帝就曾派人去澳门搬兵求援，而永历帝作为南明政权最后一个即帝位的人也曾如此。1646 年，澳门葡萄牙当局发兵 300、携大炮数门前来助战，一时使南明收复了不少失地。为了感谢传教士，1648 年永历帝家族皆入教，同时宫中受洗的还有嫔妃 50 人，大员 40 人，太监无数。其嫡母王太后、妻子王皇后、太子慈炫都进行过洗礼，但永历帝本人则并未受洗。1648 年 10 月再度危机，永历帝再次派人赴澳门求援，澳门的葡萄牙当局仅以火枪百枝相助，显得微不足道。于是，王太后又决定派使臣陈安德与传教士卜弥格直接赴罗马向教宗求援。她在致罗马教宗的书信中诚

---

1 赵玉田：《卜弥格出使欧洲新探》，《肇庆学院学报》2011 年第 6 期。
2 陈才俊：《卜弥格与中国形象在欧洲的早期建构》，《China-Europe-To Know Each Other Better Heritage of Michal Boym》文集，波兰驻广州领事馆 2014 年版。

恳地祈求"天主保祐我国中兴太平",并希望教廷"多送耶稣会士来"中国"广传圣教"。此书信历时两年之久方才抵达。而当卜弥格携教宗复书返回抵交趾(安南)时,已经是 1658 年 8 月,南明政权已经濒于瓦解,教宗的回信最终亦未能送到永历帝之手。永历王太后曾经向罗马教廷派遣使节,这在中国历史中是非常罕见的[1]。

明末清初两广总督驻节地广东肇庆成为明清之际中西文化交流第一城、晚明"西学救时"运动的摇篮,最先开启中国西学东渐、汉学西传之门,个中原因芸芸,异见纷呈。据不完全统计,明末清初曾经以传教士、官员、商人等身份来肇的西方人士达几十人之多,浩如烟海的史料有待挖掘,这里蕴藏着地方史研究、中西文化交流史研究的一座富矿。

比如,梵蒂冈万民福音传播部(原传信部)历史档案馆(Archivio Storico di Propanganda Fide)所藏 1622 年以来之档案文献,其时间跨度之长、数量之巨、保存之系统可谓令人叹为观止。其意义和价值并不局限于天主教传播史,而且涉及近现代天主教传教区内各个民族的文明、文化和宗教史。因此,其蕴含的学术价值已经远远超越了单纯的教会历史,而延伸至文化交流史、社会学、民族志、文献学和多个人文学科分支中。根据文献分类和编码的差异性,梵蒂冈万民福音传播部(原传信部)历史档案馆将 1622—1938 年的文献分为 1622—1892 年、1893—1938 年两个阶段。其中,1622—1938 的文献又分为"主要文献(Fondi principali)"和"次要文献(Fondi minori)"两个系列,总而言之,该历史档案馆所藏有关中国天主教会文献数量之大、规模之巨、意义之重大,可谓海外有关中国天主教会最系统、最具规模的档

---

1 张西平:《序言》,《卜弥格文集》,(波兰)卜弥格著,爱德华·卡伊丹斯基翻译(波兰文翻译),张振辉翻译(中文翻译),华东师范大学出版社 2013 年版。

案文献[1]。而国内对该部分文献的编目、整理，尚在进行中。据国内整理者介绍，该馆有相当数量的文献是与肇庆有渊源的。

又比如，西班牙籍耶稣会士亚德里亚诺·拉斯·科尔特斯（Adriano de Las Cortes,1578—1629 年）神父，于 1625 来华并且经历了沉船被俘等一系列惊心动魄的事件，在广东海岸漂泊近 11 个月之久，于 1626 年 2 月间返回马尼拉。身为传教士，他是被从"新西班牙"（墨西哥）派往菲律宾，又从菲律宾经澳门至广东（主要是潮州和广州、肇庆），不属于中国传教区和利玛窦神父等人开创的天主教在中国的传教系统。但当他们在潮州遇海难而被大明政府俘虏时，入华耶稣会士们却分别在澳门、广州和肇庆对他们展开了大规模"营救"。由于明末来华的传教士，尤其是西班牙传教士人数有限，所以不仅是中国学术界和宗教界，对于他都颇为陌生，而且在国外也鲜有人对他作系统研究。亚德里诺·拉斯·科尔特斯神父等人是于 1625 年 2 月间从菲律宾出发前往澳门。他们乘坐的船上共有 97 人，大部分为西班牙人，也有葡萄牙人，还有印度、日本和印度洋岛屿上的人，多数为耶稣会和其他修会的传教士。他们在潮州海岸遇风暴而翻船，当时就有 15 人在海难中丧生。潮州府把被俘人员当作"战俘"对待，认定他们是"海盗"，其中有 12 名被俘人员被押至广州和两广总督府的所在地肇庆。当时正与中国政府谈判澳门拆城问题的入华耶稣会士陆若汉（Joao Tsuzu Rodrigues，1561—1633 年）和瞿西满（Simao da Cunha，1589—1660 年），曾出面在广州和肇庆组织"营救"。在澳门人和入华耶稣会士们的多次和多方面斡旋下，他们才于 1626 年 2 月间返回澳门。

从澳门返回马尼拉后，科尔特斯神父将其在粤遇海难沉船被俘事件及其游记以西班牙语整理成文并命名为《中国游记》（Tour

---

[1] 刘国鹏：《梵蒂冈原传信部历史档案馆 1622–1938 年间有关中国天主教会文献索引钩沉》，汕头大学"区域基督宗教研究与中国文明社会发展"系列学术会议（2014）论文集，第 195 页。

de Chine），它不是一部根据逐日札记而写成的游记，于 1926-1629 年（他逝世的时间）之间逐渐写成的。由于身体状况欠佳，全书终未杀青，突然于文稿第 174 页背面的一个句子中间结束。《中国游记》在科尔特斯神父生前从未付梓刊印，长期以来，一直以稿本存于大英博物馆藏 Slonne 档案，手稿第 1005 号。但其文稿却被多位史学家所熟知。直至 1991 年，《耶稣会士亚德里诺·拉斯·科尔特斯神父的〈中国游记〉》的西班牙文本出版，2001 年，法国出版了该书的法译本，至今尚未有中译本。该著作成稿较早，涉及到的完全是广东省沿海地区。它在天主教输华史上，处于利玛窦世系之外，可以从侧面来证实利玛窦等人开创中国传教事业的历史。它对于研究 17 世纪上半叶的广东海岸史，也具有"补史"和"证史"的意义。

亚德里亚诺·德·拉斯·科尔特斯神父的《中国游记》共分两卷。

第一卷是《中国游记》的记述文，共分 32 章。

第 1—4 章记述了拉斯·科尔特斯神父一行从潮州翻船、被当地中国人抓获和过堂遭审的过程。其中重点描述了他们在靖海所 (Chingaiso) 的遭遇，特别是有关中国人的衣着打扮及其服饰特征。第 5—6 章叙述了被俘人员被从靖海所被押解至澄海 (Toyo) 的过程。其重点论述了广东人吃狗肉与驴肉、沿途押解他们的人的情况。第 7—9 章记述了他们被从澄海押解到潮州府的情况。文中特别记载了潮州一带最著名的事物、潮州府员再次开庭审讯被俘人员并向他们提出各种问题、潮州和尚们宴请被俘者、有关中国神祇的某些资料。第 10—11 章记述了被俘人员到达潮州府的蓬州所、有关广东大堂鞭笞打板子的酷刑、中国人的迷信和宗教信仰、祭祖及求神、墓葬等。第 12—14 章论述被俘人因其服装和食物而在潮州地区引起的麻烦、几名被俘欧洲人几乎被老虎吞噬、明朝驻广东的军队及其士兵等问题。第 15 章论述了广东人的文化生活，如文字、儿童、学校、科学和科举制。第 16—21

章论述了广东人的物质生活，如肉类、鱼类、果蔬、酒、醋、油、橄榄、蜡、黄金、白银和该省的其他商品、财富、富裕与贫穷等，第 22 章是论述了广东官吏的审案程序等。第 23——24 论述了广东人的体貌、气质和习性，包括许多有关中国人的具体描述。第 25 章是记述被俘人员被从潮州押赴广州、肇庆的全过程。第 26 章是记述欧洲人为谋求释俘而在澳门展开的活动、潮州知府 Tavia 和官员顾先生 (Goucia) 的相继死亡。第 27 章记述了欧洲人为争取被俘人员的释放而在广州展开的活动、在潮州出现了有关他们的新事端。第 28—29 章论述了欧洲人获得了特许证，才使被俘人员释放，人员及最重要的物质都被运往了广州，广州和肇庆的某些情况。第 30 章论述了中国和特别是广东的建筑。第 31 章讲述了多名被俘人员公堂受审的情况。第 32 章叙述了携带特许证的被俘人员自由地离开广州，首先前往澳门，然后再返回马尼拉。整体而言，该书对于潮州府、肇庆府的描述着墨最多。

《中国游记》第 2 卷是对第 1 卷介绍的重要事件与物品用线图所作的论释，论述了《福音之光》和中国基督徒，以及《福音书》中对大中国之预言历史等多项内容。可惜作者未能完成。书中记述，海难事故后，一部分传教士被拘留在潮州，始终受潮州府大堂的审讯和羁押，另外一部分却被沿海岸押解西去，拉斯·科尔特斯被押解至广州而后到达肇庆，他记载下了沿途的所见所闻，其中有关肇庆府中国都堂在肇庆府举行的一次宴会、为释放被俘者而在肇庆和广州展开的斡旋、拉斯·科尔特斯神父眼中肇庆府民众的日常生活方式等描述甚为详细。拉斯·科尔特斯神父来华时间较早，而且留下了一部内容丰富的游记。他对于广东海岸，特别是对潮州府、广州府、肇庆府和澳门的记述甚为详细，其史料弥足珍贵，尚未有中文，尚待进一步发掘[1]。

1　耿昇：《西班牙籍耶稣会士亚德里亚诺·拉斯·科尔特斯〈中国游记〉简介》，华侨大学"海洋文明与中国文明社会发展"系列学术会议（2010）论文集，第 15 页。

再如，肇庆崇禧塔于万历十三年建成后，岭西道副使王泮登塔赋诗，留下崇禧塔第一首咏诗《崇禧塔成志喜》："九层巍级控羚羊，日射金轮散宝光。危构不烦千日力，灵成应与万年长。悬知窟是龙蛇蜇，会见人题姓字香。极目五云天阙近，双凫直欲趁风翔。[1]"当时定居僊花寺的传教士罗明坚也曾赋诗《题塔（用王爷＜登塔志喜＞韵）》："役采星岩白石羊，构成宝塔现金光。擎天柱国三才正，巩固皇图万寿长。檐绕云霞霄汉近，顶闯月窟桂花香。日移影射端溪水，惊动腾蛟海表翔。[2]"罗明坚的作品对仗工整，文从字顺，为研究传教士的汉语水平提供了新的史料。

肇庆与利玛窦研究，历久弥新，在某种意义上，利玛窦与禅宗五祖惠能、西江龙母、清官包拯成为肇庆的学术名片。究及明末清初，利玛窦则是一位绕不开的关键人物[3]。

首先，利玛窦在肇庆，传教进展甚微但传播西方科学文化成绩斐然。1583 年（万历十一年），两广总督郭应聘、肇庆知府王泮同意罗明坚、利玛窦等人由澳门转至肇庆修行。从 1583 年 9月 10 日至 1589 年 8 月 24 日，居肇六年利玛窦开启了"学术传教"之旅。在肇庆天主教堂"僊花寺"——中国内地第一座欧式风格建筑、第一座天主教堂，利玛窦展示代表当时欧洲文明的器物与科学，如钟表、塑像、乐器、图画、浮雕地图、各种天文仪器、数学计算方法和西文图书，该批图书除天主教经典外，大部分为地理、数学、天文、机械、水利、建筑等方面的书籍，利玛窦还谦恭地接待众多参观者并耐心向他们讲解相关科学知识。除此，因肇庆府官员与当地儒生支持及帮助，利玛窦绘制了世界上第一

1 《万历肇庆府志》，上海图书馆珍藏孤本（1588 年刻本）卷七，地理志一，第 13 页。
2 罗明坚（？—1607），字复初，意大利人，耶稣会传教士。该诗收录于《罗明坚中国诗集》。王爷：对比前文咏诗可知是已升任兵备副使的王泮。罗明坚于万历十六年（1588）底离肇，故此诗作当在此之前。据宋黎明先生《神父的新装——利玛窦在中国（1582-1610）》书中录知首字为"役"，指建塔一事。可见崇禧塔的建筑石料部分采自七星岩玉屏岩、阆凤岩盛产之白端石。
3 赵玉田：《晚明利玛窦现象新解》，《贵州社会科学》2011 年第 3 期。

幅中文世界地图,组装了中国第一座机械自鸣钟,编纂了世界第一部《葡汉词典》,制作了中国第一批以金属为原料的天球仪、地球仪、浑仪和日晷,等等。如通过绘制中文世界地图,利玛窦向中国介绍了文艺复兴以来欧洲最先进的地理学知识。正是利玛窦等人在肇庆传播西学之举,肇庆因之一时间闻名全国,成为晚明时期中西文化交流重镇。利玛窦带来的西洋器物与"学说"一时间刺激了时人观念,也包括被利玛窦称为"我们的至友"的肇庆知府王泮。利玛窦刊刻了罗明坚的《天主圣教实录》——传教士到中国后写的第一部中文书,"长官(指王泮)特别喜欢这部书,印了许多册,在国内广为流传[1]。"王泮不仅在官府中亲自督印利玛窦绘制的世界地图,并把它当作重礼而赠送许多友人。毋庸置疑,地图是世界观的反映,王泮可称得上是当时睁眼看世界第一人。利玛窦也给了王泮很高的评价:"这里是一位在该省中名望最高的长官,不仅因为他担任的职位和他的学术成就,而且更因为他个人品德和有效的行政而获得的尊重。[2]"需要指出的是,王泮等肇庆士人对西学的艳羡与支持并非出于"好奇",其意义也超出文化层面。事实上,政治上的"末世"危机与传统社会近代化转型之勃勃"生机"是晚明时代总体历史特征。是时,商品经济虽然活跃,城镇生活却陷入奢靡化境地,农村因自耕农大量破产而萧条,流民运动席卷全国,社会动荡不安,救时成为时代主题。如何救时?王泮等作为处在政治核心边缘又始终不能忘情于政治、怀揣经世理想及燃烧着政治激情的"书生",在保守势力非议中,他们却能为西学鼓与呼,亦为初步反思传统文化及以"中国为天下"的世界观之尝试,可谓是晚明"西学救时"运动之先

1 利玛窦著、金尼阁翻译增补,何高济、王遵仲、李申译:《利玛窦中国札记》,中华书局2010年版,第172页。

2 利玛窦著、金尼阁翻译增补,何高济、王遵仲、李申译:《利玛窦中国札记》,中华书局2010年版,第173页。

声[1]。

　　其次，肇庆时期的利玛窦，是百年来利玛窦研究的重要课题[2]。20世纪初，夏曾佑、章太炎、梁启超等学人开启了学术意义上的利玛窦等来华耶稣会士的研究。旋即，张维华、陈垣、肖若瑟、裴化行、徐宗泽、冯承钧、方豪、荣振华等学者掀起三、四十年代的研究小高峰[3]。随后，利玛窦受到明史、宗教史及中外文化交流史等学者普遍重视。这些研究，大多对肇庆时期的利玛窦文化活动内容、形式及意义格外重视[4]。近30年来，冯天瑜、林金水、张西平、黄一农、汤开建、沈定平、庞乃明及乔纳斯·斯彭斯、平川祐弘等中外学者通过不断发掘新史料、运用新方法以加大相关问题研究力度，相关的重量级成果频出，对利玛窦的研究已经取得了相当大的进展：第一，研究的范围大大扩展。从传统的传教学研究几乎扩展到人文社会学科的所有研究领域，从人文到科学，从历史到语言，从艺术到自然，几乎利玛窦所涉及的所有领域都已经有人开始研究。这种研究范围的扩展是上个世纪前五十年完全不可比拟的。第二，研究深度大大加深。对利玛窦在晚明的活动，他与士人的接触，几乎在所有方面都有学者涉猎。中国学者充分显示了对中文文献的熟悉的优点，将利玛窦研究与晚明史的研究充分结合起来，从而加深了对晚明史和明清中

1　赵玉田：《晚明利玛窦现象新解》，《贵州社会科学》2011年第3期。
2　有关国内与利玛窦相关研究明清耶稣会士的学术动态，可参阅黄一农《明末清初天主教传华史研究的回顾与展望》，《国际汉学》第4辑，大象出版社，1999年；张西平《关于明末清初中国天主教史研究的几点意见》，《基督宗教研究》，第1辑，社会科学文献出版社，1999年；张先清《20世纪中国之明末清初天主教传华史研究》，《宗教文化》(3)，东方出版社，1998年；张先清《1990–1996年间明清天主教在华传播史研究概述》，中国史研究动态，1998年6月。张西平《百年利玛窦研究》，《世界宗教研究》，2010年3期。
3　1934年陈垣先生撰写的《从教外典籍见明末清初之天主教》(见《陈垣学术论文集》，中华书局，1980年)至今仍是研究利玛窦所要参考的研究论文，并为后学从事利玛窦研究树立了榜样。
4　肇庆时期利玛窦的文化活动成为百年来研究者一直关注的重要研究课题。如林金水《利玛窦在广东》(《文史》第20辑，中华书局，1983年)、罗方光《利玛窦在肇庆》(《岭南文史》，1986年1期)、邱瑞祥《利玛窦肇庆传教的文化透析与反思》及萧键玲《一位最早在肇庆传播西方文化的人》(澳门《文化杂志》，2008年春季刊)等都予以关注乃至专门论述。

西文化交流史的研究。第三，更深层次的是评价标准的多元化。在五十年代初对利玛窦等来华传教士的评价上最有代表性的是何兆武先生执笔所写的《中国思想史》第4卷第27章《明末天主教输入了什么西学？具有什么历史意义？》，它基本是从负面的作用来评价以利玛窦为代表的来华传教士的。利玛窦所传入中国科学的属性问题至今仍可以讨论，但学术界在对利玛窦的评判的标准上已经完全走出了传统的唯一从负面评价的立场，而开始在更为广阔的视角，从不同的学术侧面展开了对利玛窦的研究，利玛窦在中西文化交流史上的贡献与奠基作用几乎已经成为学术界的共识。尤为重要的是，在以往的利玛窦研究中，由于利玛窦的主要外文著作尚未翻译成中文，中文学术界在国际学术界除个别学者外基本上发言权不大。随着20世纪下半叶利玛窦几乎所有的外文著作和通信被翻译成中文，相比较而言，至今利玛窦的19部中文著作仍未全部翻译成英文或其他西方语言，这样在文献的阅读和使用上中国学者具有相对的优势，从而在利玛窦研究上取得了快速的进展。如果不看中国学者的研究成果，已经无法站在利玛窦研究的前沿，中国学者已经成为引领利玛窦研究的主力军[1]。

第三，纪念并思考利玛窦文化贡献的同时，肇庆也在发现自己。1979年11月4日的《人民日报》发表了吕同六所撰《沟通中西文化的先驱者——利玛窦》一文。吕文对利玛窦在华文化活动予以定性，称其为我国和西方的文化交流作出了宝贵的贡献。这也是新中国官方媒体首次对利玛窦在华文化活动予以公开肯定。其后，国内利玛窦研究渐渐升温。近年来，随着中外经济文化交流活动日益活跃及中西文化交流史研究升温，更多学者采用历史学、宗教学、政治学、文化学、传播学等多学科理论与方法加强利玛窦等明清之际来华耶稣会士研究。肇庆的"利玛窦研究

1　张西平：《百年利玛窦研究》，《世界宗教研究》2010年第3期。

热"尤为持久强劲，相关文化活动及学术研究也很活跃[1]。

2006年，时值"中国意大利文化年"，肇庆市博物馆在丽谯楼馆区举办了"沟通中西文化第一人利玛窦"陈列活动。当年12月，肇庆学院等共同承办了"第一届利玛窦与中西文化交流研讨会"，旨在深化肇庆历史文化研究、扩大人文肇庆的社会影响与国际知名度，同时凝聚学术力量，为拓展利玛窦国际学术交流提供一个有力的平台。此次国际学术研讨会的召开具有重要现实和学术意义，不仅增进了海内外同仁之间的了解和友谊，互通学术信息和研究心得，更为新生代学人成长创造了有利条件。借助这个平台，各高校学者和地方学者、海外学者和本土学者、年轻学者和前辈学者能够汇聚力量，共同攻坚克难，推动学术进步。

2010年12月，由广东省社会科学界联合会、澳门基金会、中共肇庆市委宣传部、肇庆学院主办，由肇庆学院与肇庆市社会科学界联合会承办的"第二届利玛窦与中西文化交流学术研讨会"召开。来自世界各地的几十位专家学者参加了本次研讨会。会议围绕"明末清初东西方文化的相互认知与理解"、"利玛窦在中国的历史文化活动及其影响"等主题从不同的角度进行了深入的交流、展开了精彩的讨论。会议上，肇庆学院中西文化交流与利玛窦研究中心黎玉琴教授宣读了其与肇庆市质量技术监督局刘明强先生合作的论文《利玛窦史海钩沉一则——刘承范〈利玛传〉解读》，引起与会学者的广泛关注。当时新近发现的利玛窦早期入华时的好友、韶州同知刘承范所著《利玛传》，这是一篇记载利氏早期在肇庆、韶州活动的重要文献，其中许多内容均为当时人记载当时事，具有很高的史料价值。《利玛传》源于刘明强先生《刘氏族谱》，由其先人刘承范撰写。《刘氏族谱》由刘明强先生的曾祖父、刘氏户首刘后清于1914年主修，副户首刘昆勤、

1　赵玉田：《危机与应对——"利玛窦现象"时代检视》，武汉世界图书出版公司《言犹未尽利玛窦》2013年版。

刘昆涛等人纂辑，全书 60 余万字。原为刻板印刷，计印 50 部，每部 16 本，堂号为"存泽堂"。90 多年来这 50 部谱或兵燹水淹，或虫蠹腐蚀，多已毁损残缺。上世纪 50 年代，不少族谱被认为代表着"封建族权"而付之一炬。幸存的这部"友"字号谱原发给刘氏联芳公保存，"文革"时其孙媳余氏冒着戴帽、挨斗的风险，将该谱百般维护，收拾转移，最后将它藏于谷草箩中，才躲过这一浩劫，而其余 49 部族谱皆已灰飞烟灭。2009 年"存泽堂"《刘氏族谱》得以再版，重见天日。族谱犹如大树参天，开枝散叶，清晰翔实，从地理、人物、世系、志传、墓志表等诸方面记载了刘姓的延脉，因此刘承范《利玛窦传》一文得以面世。对于逝去的光阴而言，利玛窦一段尘封旧事，因为《刘氏族谱》而变得清晰而有意义。

为了加强和促进肇庆市利玛窦研究的学术团队建设，促成国内外同仁有效合作，2011 年 3 月，肇庆学院特成立"中西文化交流与利玛窦研究中心"。近几年，该中心研究人员在利玛窦研究方面都取得了丰富的成果。

2013 年 11 月，第三届利玛窦与中西文化交流国际学术研讨会在肇庆学院西江历史文化研究院举行。来自意大利、波兰、澳门及中国大陆等著名高等院校及研究机构的专家学者济济一堂，从不同视角、透过不同议题讲述有关利玛窦与跨文化融合的研究。专家们针对文化传播和文化冲突等 30 多个议题发表论文演讲，并进行热烈的研讨和交流，提出了许多新的学术观点和研究方法，取得丰硕的学术成果。

无疑，纪念并思考利玛窦文化贡献的同时，肇庆一直在寻找自己、发现自己。即肇庆作为明清之际中西文化交流第一城及明清以来"西学救时"运动的摇篮，在新形势下，如何进一步繁荣发展社会主义文化，提高地区文化软实力。

目前，国内外关于利玛窦及相关问题研究正处于向纵深领域快速挺进的大好时机。同时，从利玛窦研究出发而不局限于利玛窦，对明清中西文化交流的研究始终采取对东西双向研究同时进展的方法，即西学东渐和汉学西传两条线索同时推进。1500-1800年间是全球化的初始阶段，也是中西方近代思想形成的阶段，此时无论是西方还是东方都不再是一个相互封闭的地理、文化单元，东西方文化之间的交流和影响比今天我们想象的要大。在全球化的今天，探讨中西两大文明在全球化初期的相遇与相互影响，对厘清近4百年的世界文化史，对重新说明东西文化各自的价值和意义都是极为重要的[1]。

1　张西平：《百年利玛窦研究》，《世界宗教研究》2010年第3期。

第二章
何计身后评——言犹未尽利玛窦

第一节　利玛窦行略及其身后的汉学研究

中国传统文化与外国文化的大规模接触在历史上有两次：第一次是两汉、魏晋、隋唐时期印度佛教文化的传入；第二次是明末清初以利玛窦等耶稣会士为代表的欧洲传教士的东来。第二次的中西文化交流是在西方资本主义经济扩张、宗教改革、文化复兴以及当时中国特定历史背景下产生的。利玛窦在中国前后生活了 28 年，为东西方进行世界性的对话作出了努力，为全人类的相互接触与合和作出了贡献。有学者称他是中国基督教之父、西方汉学的创始人、沟通中西文化交流第一人。始于明末清初的以利玛窦为代表的耶稣会士在华传教活动，及由此引发的"中国礼仪之争"，在一定程度上开启了东学西渐之门。

利玛窦来华期间，正是明王朝史上的重要关键期。神宗（万历）即位之初，首辅张居正的辅佐，使明朝的统治一度出现中兴的景象。但万历十年张居正病死，在富豪强贵的攻讦之下，张居正死后两年被清算，改革被罢除。从此以后，万历已经实际掌握了政府的大权，但废长立幼事件与皇帝本身的性格使得万历采取长期不理政事，不见朝臣达二十余年。万历中后期明朝一直处在严重的内忧外患之中。外患方面，倭寇在东南沿海地区的侵扰失败后，便转向北侵朝鲜。万历二十年六月，日本丰臣秀吉率水陆军凡二十万人进入朝鲜，明派兵入援，后于二十二年九月与侵朝日军签订停战合约。万历二十五年二月，日军再次侵入朝鲜，恰丰臣秀吉于二十六年七月九日病死，明朝得以击溃日军。明朝虽得胜，但却暴露其政治腐败及政府机制的低能。

经过此次战役后，明朝的边防更加虚弱，政治更趋危机。而此时更大的外患来自北方，女真族部落首领努尔哈赤在白山黑水间发难，相继控制了东北女真的全部势力。对明朝在辽东的统治势力，形成了严重的威胁。明朝也非常需要关于火炮方面的知识。被当时的中国人称之为"猛烈神器"的西洋火枪和火炮，也是由葡萄牙人从澳门铸造后，再贩到中国去，澳门是远东有名的铸炮基地。与此同时，为了防御北方边患，徐光启也曾衔命派员前往澳门向葡萄牙人洽购最先进的"佛朗机"和"红夷"炮，并聘请旅居澳门的外国技师来京传授技术，实地参与制造火炮的过程。为增加明军的战斗力，先后将十二门大炮运至山海关前线，结果大败金兵，而努尔哈赤也因身受重伤不久殒命[1]。当然，大炮未能挽回大明帝国走向灭亡的命运，虽然如此澳门铸造的猛烈神器却见证了中国最后一次朝代更迭的历史。

内政方面，宫廷的奢侈浪费给国家财政增加莫大负担，临时性的田赋加派不时出现，水旱灾频仍却不管理和倡修，因而导致长期的灾荒以及接连不断的人民骚动[2]。但值得注意的是，嘉靖、万历时期农业生产力提高，推动了商业和手工业的发展，使得这一时期商品经济的繁荣，形成了一个高潮。而东南沿海地区民间的私人海上贸易因突破官方禁令亦在此时迅速发展。嘉靖、万历时期代表社会经济变化的特征之一便是思想的开创和变革，代表人物为李贽（1527–1602）。李贽本身为儒家的信徒，由于对官

1　顾卫民：《基督教与近代中国》，上海人民出版社，1996 年。
2　赵玉田：《晚明利玛窦现象新解》，《贵州社会科学》2011 年第 3 期。

僚政治不满，所以绝意仕徒，进而写书批评政治。他的著作，着眼在把读书人的私利与公众的道德相融合，而解释经典则全凭个人的直觉和见解，再加上本身的经历，使他对问题的了解更为深刻[1]。因此，著作广受读者的欣赏。但这却与当时的正统儒家观念格格不入，并为他招来杀身之祸。黄仁宇《万历十五年》有段话写得很深刻："如果知识分子放弃了正统的儒家观念，则王朝的安全会立即受到威胁。知识分子在政治上是政府中的各级官员，在经济上是中等以上的地主，正统的儒家观念是维系他们的纽带，除此而外，再无别的因素足以使他们相聚一堂，和衷共济。[2]"1602年，李贽在狱中自刎而死。但其对正统儒教的挑战直接或间接影响明末的某些思想家和文学家，"士大夫多喜其书，往往收藏"。在这种背景之下，不难想象因西方天主教的传入，有人主张儒耶结合的思想了。也因此，天主教的传入才能开展其第一步。

　　另外在算学历法方面，当利玛窦到达中国时，明朝所采用的历法为大统历与回回历。前者直接依据元郭守敬等人的授时历，极少改动；后者为公元13世纪由阿拉伯国家传入，为回民应用的历法。经过长期沿用且甚少修改，到明末这些历法已有差时，特别明显的是日月蚀的预告，但钦天监官员无法修改。《日知录》中记载："明神宗万历二十四年（1596年）按察司签事邢云路奏：大统历刻差宜改。钦天监正张应候等疏诋其诬。礼部上言应从云路所请，及令督钦天监事，仍博访通晓立法之士酌定，未果行。[3]"耶稣会传教士利玛窦在此时看到这一点，适时介入，企图利用改历结交知识分子，获得皇帝的信任，来实现传教目的。

　　综观来看，利玛窦之所以能成功传教，原因在于其融合儒家思想，介绍西方科学，博取士大夫阶层之好感，进而获取朝廷之

1　张永堂：《明清理学与科学关系再论》，台北学生书局1991年。

2　黄仁宇：《万历十五年》，北京：三联出版社2002年版，第231页

3　顾炎武：《日知录》卷十八，北京：中华书局

传教许可。再加上利用改历此一大好机会，作为传教以及其它活动的重要关节。此种情势下，利氏认为西方天算之学终有被中国采用的一日。而认同西学的士大夫与后来的传教士所走的路的确应验了利氏的想法，利玛窦的影响可见一般。但我们也必须清楚这些只是利玛窦的手段，并不是其最想要的。虽然西方天算终为中国接受，但相对的，耶稣会最终目的传教却未尝顺利。

始于明末清初的耶稣会士在华传教活动，及由此引发的"礼仪之争"，开启了东学西渐之门。这种最初纯粹观念性的争论，从宗教界扩大到思想文化界，成为 18 世纪以来西方热衷于中国文化研究的源起。

"礼仪之争"在欧洲争论的焦点集中在中国"敬天"、"祭祖"、"祀孔"的礼仪是否是一种宗教，以及天主教应不应宽容传统礼仪在中国天主教徒中存在。一方面西学东渐，另一方面汉学西传，在华的传教士译介了大量的中国传统经典著述，欧洲学人者也对中国文化进行了深入细致的研究和探讨。资本主义正处于上升时期，工商业与科学技术取得了迅速的发展，启蒙运动如火如荼。启蒙思想家利用传教士的资料，从反对教会专制立场出发，对于中国文化给予了不同的阐释。孟德斯鸠等对中国的"专制主义"进行了抨击；莱布尼兹、伏尔泰等人则将儒家的思想理想化，把中国描述为依靠法律、伦理、风俗和礼仪来维持文明，而不是用宗教的精神来束缚民众的理想国度[1]。尽管如此，学者们还是在中国文化的一些基本特征方面达成了一些共识，如"人文主义"和"道德主义"。"把中国文化特征定为与宗教信仰相对应的'人文主义'和'道德主义'，相当程度上是对中国文化的赞美，对欧洲思想的批判[2]。"包括康德和赫尔德在内的西方思想大师都认为，"中国人从人本身、从伦理出发达到信仰与西方人靠上帝的天启而达

---

1 张西平：《中国和欧洲早期宗教与哲学交流史》，北京东方出版社 2001 年版。
2 马克思·韦伯：《儒教与道教》，北京三联出版社，2001 年，243，341 页。

到宗教不同，是一条'道德'、'伦理'、'政治'、或曰'理性'的思想路线[1]"。斯时也，民主、科学、理性的口号深入人心，崇尚独立精神与自由学术，对异域文明中的异文化因素持开明的态度。当时的中国则处于康熙年间，中华帝国疆域辽阔、安定繁荣，还没有受到外来势力的猛烈侵扰。康熙作为一代开明君主，文治武功，喜好西学。总体上看，康熙与罗马教皇、儒家学者与西方传教士之间的论争在身份上是对等的，是对各自信仰的公平辩论，对于异质文化也基本上抱着开明、谦虚、沟通而非对抗的心态。

及至东方国家的衰落（包括中国）和西方的殖民扩张，打破了原有的对等心态。西方文化作为强势文化面对东方的弱势文化所产生的自负和救世主姿态强化了西方中心主义的立场。黑格尔对中国文化的批评达到了前所未有的激烈程度。历史上，当英法等国用鸦片、用炮舰打开中国大门凌驾中国的同时，西方的传教士也又一次涌入中国。早期，耶酥会士"补儒易佛"的主张被代之以"移风易俗"的基督化改造，对于中国文化的儒、道、佛三家，按基督教的标准衡量其长短并加以改造，为之所用。"当一位学识渊博的东方学家到他所研究的国家去旅行时，他对他所研究的文明总是抱着一种抽象的自以为是普遍真理的固定看法；东方学家几乎对所有别的东西都不感兴趣，惟独钟情于证明这些陈腐的真理能够有效地应用于愚钝而堕落的当地人，尽管做得并不很成功[2]。"萨义德的话正可用以形容当时传教士力图用西方的宗教精神教化中国民众的心理。

1　马克思·韦伯：《儒教与道教》，北京三联出版社，2001 年，243，341 页。
2　爱德华.萨义德著 王宇根译：《东方学》，上海三联出版社，2003 年，23 页。

第二节 经纬天地——利玛窦世界地图研究[1]

据考证，地图起源于史前时期，当时的人们以木棍或石子等实物为符号记载或标注自己生活的环境、走过的路线，将观察和搜集到的信息刻在白桦树皮或黏土板上。地图实际上是农耕文明不断发展进步的产物，诞生于人们生产生活的需要，具有明显的草根性，然而，中国漫长的农耕文明并没有给出身于草根的地图带来广泛应用和快速发展的机会。在近代以前的中外交往中，中国一直奉行着"我族中心主义"的"华夷之辩"，形成深厚的天下观念，自视"天朝"，自居世界的中心。以天下观为中心的对外秩序理念，在西方文化的现代性还没有充分展露的前现代世界可保统治者安然无恙，直到晚明，世界意识才在一部分士人中觉醒。这些人睁眼看世界，方悄然明白天下万国林立，而非中国一国独尊[2]。这种世界观的产生，最早因缘际会于耶稣会士利玛窦所绘制的世界地图。

一、利玛窦绘制世界地图源流

在始于公元前 3 世纪秦汉时代的东西文化交流史中，利玛窦（1552–1610，Matteo Ricci）具有特殊的地位：他是第一个在近30 年的漫长传教生涯中与大批中国文人接触并对话的西方人。利玛窦少年时求学于故乡意大利玛切拉塔的耶稣会书院，后进入罗

1　利玛窦世界地图的研究，迄今已过百年，仍然是明末清初中西文化交流史研究的一个热点问题，中外学术大家多有关注，择其要者可见黄时鉴《利玛窦世界地图研究百年回顾》，《暨南学报》（哲社版）2006 年第 2 期；2006 年黄时鉴、龚缨晏出版《利玛窦世界地图研究》一书，是对国内外研究成果的一次汇总。拙文拾人牙慧，狗尾续貂，浅述天下观与世界观之关系，权当野芹之献。

2　周振鹤：《利玛窦世界地图研究》，《中国测绘》2005 年第 4 期。

马神学院，1571 年加入耶稣会。在研究神学的同时，他得到名师指教，广泛地涉猎了自然科学的各个领域。和其他数以千计的耶稣会士一样，利玛窦被修会培养成既是学者又是传教士的精英人物。"在当时，毫无疑问，传播福音从未渴求如此多种多样的才干和技能。为了满足学界的期望，尤其是宫廷的需要，几乎没有这些传教士未涉足的领域：数学、天文、医学、绘画、音乐、建筑、机械等等。[1]"

世界地图输入中国是一个单向的过程。欧洲的 16 世纪是探险航行的世纪，新大陆的发现导致地理学的勃兴，新航海及世界地图迭出。西方航海家们不满足于对身边世界的认识，他们探索了海路、海湾与海港，发现了新大陆和南、北美洲，持续探索的结果使得第一张世界地图得以问世，它由荷兰人墨卡托绘制完成，给当时的人们展现了一个与以往的认识完全不同的世界。年轻的利玛窦受过高等教育，雄心勃勃为入华传教浮海远行，越重洋而至当时地理学家所欲知而未知的中国，不管他处心养志如何超越世俗，但时代风气所熏陶，个人经验所适合，自能使其到处留心地理，"喜闻各方风俗，与其名胜[2]"，"且予自大西洋浮海入中国至昼夜平线，已见南北二极皆在平地，略无高低，道转而南，遇大浪山，已见南极出地三十六度。[3]"

利玛窦于明万历十年（1582 年）来到澳门，经多番请求，广东总督邀请其进入辖区首府肇庆展现欧洲丰富的文化与科学技术。万历十二年，在知府王泮的支持下，利玛窦先后刻印了西文、中文版《山海舆地全图》，这是在中国依照西法绘制世界地图之始。居肇庆六年之后，利玛窦赴韶关，入南昌，下南京，致力于学习

1　[法]费赖之著，冯承钧译，《在华耶稣会士列传及书目》，北京中华书局1995年版。
2　利玛窦，金尼阁.利玛窦中国札记：第 5 卷 [M].何高济、王遵仲，译.北京：中华书局，1983：486
3　利玛窦，金尼阁.利玛窦中国札记：第 5 卷 [M].何高济、王遵仲，译.北京：中华书局，1983：486

中国文化和学术传统，俨然杰出的中国文人，并以其丰富的数学、天文、地理知识赢得士人的信任，时人称其为"西儒"，徐光启赞之"阿其道甚正其守甚严，其学甚博，其识甚精[1]"。在成功北上京华并获得皇帝召见之前，利玛窦付出了17年艰苦不懈的努力。为传教之需，加之国人的赞美和因此而带来的尊敬，利玛窦不得不将自己绘制的世界地图多次翻新制作，每次制作时，世界地图的名称都有变动。毕其一生，利玛窦绘制了大量世界地图[2]，源流如下[3]：

图名	绘图时间	刊刻者	绘图地点	备注
山海舆地全图	1584	王泮刻板	肇庆[3]	
世界图志	1595		南昌	绘赠于多泽
山海舆地图	1595~1598	赵可怀刻石		苏州翻王泮本
世界图记？	1596		南昌	王佐编制
世界图记	1596		南昌	绘得一、二本
山海舆地全图	1600	吴中明刻板	南京	增订王泮本
舆地全图	1601	冯应京刻板	北京？	二小圈图等
坤舆万国全图	1602	李之藻刻板	北京	增订吴中明本

1　王重民辑校，《徐光启集》，北京中华书局1986年版。
2　汤开建先生据新史料认为，利玛窦肇庆绘制的首幅世界地图名为《大瀛全图》，见《明代利玛窦世界地图传播史四题》，汕头大学"区域基督宗教研究与中国文明社会发展"系列学术会议（2014）论文集，第102页。
3　刘复刚：《利玛窦的中国地图学发展的贡献》，《.齐齐哈尔大学学报》2008年第9期。
4　汤开建先生认为：对于利玛窦在肇庆的教堂和住院，《利玛传》对韶州建成的教堂有记载："上祀天主母，中祀天主，他无祀焉。又精舍数间，所藏皆《六经》正学，子史诸书。求其手自翻译者，独《大瀛全图》耳。"由利玛窦翻译出版的世界地图，其名就是《大瀛全图》。这就清楚地告诉我们，刘承范在韶州任职期间见到了利玛窦的世界地图。而这幅地图，其中文名为《大瀛全图》，而非《山海舆地（全）图》。刘承范应是最早见过利玛窦世界地图的中国士大夫之一，然将世界地图称为《大瀛全图》，这一点应该引起我们研究者的高度重视。那么这幅被称之为"大瀛全图"的利玛窦最早在肇庆绘制的世界地图，是谁命名的呢？毫无疑问，就是该图的刊刻者、肇庆知府王泮。

坤舆万国全图	1602	某刻工刻板	北京	复刻李之藻本
山海舆地全图	1604	郭子章刻板	贵州	缩刻吴中明本
世界地图？ （两仪玄览图）	1606 （1603）	李应试刻板	北京	增订李之藻本
坤舆万国全图	1608		北京	诸太监摹绘 李之藻本多份

二、利玛窦世界地图的特点

晚明是一个天崩地解的时代，各种离经叛道的思想纷纷出现。耶稣会士登陆中国，其神学观念异质于中华文明，一时还不能让国人理解，然伴其而来的实物，如三棱镜、时钟等，却直观的将西方文明引入中国。"一个民族、一种文化对异民族、异文化的认知有一个渐进的过程，大体上通过具体事物、语言文字和艺术形象三个方面的交流来完成。[1]"在异质文化的交流中，视觉的图像处于先导、主要的地位。

（一）制图方法的根本改革。自西晋裴秀以来，传统地图的绘制以大地为一平面，不考虑地面实为一球体，遵循"制图六体"、"计里画方"[2] 原则，直至明末并无创新，因而具有很大局限性。利玛窦世界地图取精用弘，采用西方经纬度概念和测量方法。虽然大地为一圆体，无所谓"中"，但为迎合中国人唯我独尊的观念，利玛窦将通过福岛的本初子午线从地图中央移到地图最左边，改原来以大西洋居为以太平洋居中，中国就自然在世界地图的中心。

（二）地图资料翔实。一则世界地图大量介绍了西方天文地理知识，以赤道为中心，平分地球为南北两半球，并画了南北二回归线，南北二极圈线。相应地把气候分为一个热带，两个温带、两个寒带。并且吸收了地理大发现以来的最新成果，绘出了南北

1　黄时鉴. 利玛窦地图百年研究综述 [J]. 暨南学报 (哲学社会科学版) 2005(3):17–19.
2　张廷玉. 明史 [M]. 北京：中华书局：1963：385

美洲、非洲南半部，以及大洋中一些岛国的位置和形状，并作了扼要说明，大大开阔了中国人的眼界。二则地图上注记与说明文字极多。这些文字有些是为了补充地图描绘的不足，另一些则是序跋题识，说明地图编绘的动机与经过，具有极强的史料价值。地图参考了欧洲和中国许多资料，不但在中国部分，而且在亚洲部分由于中国既有文献有过不少记载，所以也加以充分利用。值得注意的是，地图上的文字说明因为用中文写出，而且与中国固有文献中的记述同形，有时被误认为来自中国文献，如《山海经》中有女人国的记载，但利玛窦地图上高加索地区的女人国，却是来自欧洲关于亚马逊人的传说[1]。

（三）国外地名的汉语译定。利玛窦首创汉语译名，对当时各国的方域、文物、风俗尽量加以介绍，弥补了国人地理知识的不足。地图中许多洲名、海名和地理学专有名词的译名一直沿用至今，如亚细亚、欧罗巴、地中海、尼罗河等。藉助于利氏地图，大地球形说、等积投影、方位等距极地投影等地图投影学、地球五带划分、海陆分布，名山大川、国名地名等欧洲古代及文艺复兴以来地理观点渐渐传入中国，故清初学者刘献庭说："如地圆之说，直到利氏西来而始知之[2]"。

利玛窦本人受过良好的科学训练，在中国也做过许多实地观测，这些观测的结果也反映在地图中，使得利玛窦世界地图成为当时中国最科学与最学术化的地图。万历二十九年，利玛窦献给明神宗皇帝贡品中有《万历图志》一册，即为包括 53 种地图的世界地图集。

1　周振鹤.利玛窦世界地图研究 [J]. 中国测绘，2005：(4)61
2　张廷玉：《明史》，北京中华书局 1963 年版。

三、利玛窦世界地图在思想史方面的意义

地图作为一种叙述方式，提供给阅读者一个制图者心中的世界，世界的大小，上下，方位，比例，都渗透着制图者的观念，因此地图具有思想。对利玛窦立足于儒教道德基础之上的基督教信仰，虽然大部分国人并不赞同，但当时士人无论是谁、不管如何否定基督教真理的立场，都不可避免的要面对利玛窦所绘制的世界地图。长期生活在中国的利玛窦，深知传统文化熏陶下的中国士人自大且自卑的心理弱点，也意识到地图对中国人会有观念上的影响，"当他们看见自己的国家比起许多别的国家来是那么小，骄横可能会打掉一些，会屑于同其他国家发生关系"[1]，其目的是使中国人抛开大中华文化优越感而接受天主教的信仰，但是，这种通过地图瓦解中国中心论点的方式，其思想史的意义却比他想象的还要深远。

地图正面的影响当然是使国人，包括在海外如菲律宾的中国人，还进而使日本人朝鲜人增加了新的地理知识。

（一）利玛窦世界地图否定了传统中国"天圆地方"的宇宙观，介绍了西方托勒密式的宇宙论。地图改变了国人心中、眼中的世界图像：人们生活的世界不再是平面的，而是一个圆形的。天圆地方不仅是一种对宇宙空间的自然描述，而且它通过一系列隐喻和象征，俨然人世间一切合理性的终极依据。否定乃至瓦解这种空间格局，人世间的许多合理性就将失去依据，原来政治、文化、思想和信仰天经地义的真理性就将重新审视。

（二）利玛窦世界地图挑战了国人的天下观。尽管古代中国人很早已经意识到世界的广袤，穆天子西游昆仑，张骞凿空出西域，唐玄奘到达天竺，一直到明初郑和下西洋，使人们早就有了

1　朱维峥：《利玛窦中文著译集》，上海复旦大学出版社 2001 年版，108 页。

"天下"和"中国"大小不同的观念，但在明末，"天下"依然等同"九州"，还是东夷、西戎、北狄、南蛮之内的"中国"。利玛窦地图告诉士人，世界非常大，而中国只居亚细亚 1/10，亚细亚又居世界 1/5，中国并不是浩大无边的唯一大国，反而很小。中国不再雄踞世界的中心，而是与很多国家一样，错落地分布在这个圆形的世界上，"四夷"也不再是零星散乱的、仿佛不攀附在天朝的衣襟上就会坠落到地图之外的小邦，在广袤的世界上原来有这样多彼此相当的国家。

（三）以所认知的地域作为"世界空间"的观念，和以自身为圆心以自己的视野为半径的"中国中心"观念，作为集体的普遍的记忆和知识，是不成立的。中国不一定是世界中心，国人应该接受东海西海，心同理同的想法，承认世界各种文明史平等的，共通的，而且真的有一些超越国家，民族，疆域的普遍真理。正是这些颠覆性的观念，使利玛窦的世界地图给中国思想界带来了一个隐性的巨大的危机。

"世界地理新知识的传播，有利于中西之间文化宗教的交流，因为唯有中国人对整个世界的认识发生改变，他们才会产生足够的胆识去接受外来的新事物。"[1]带着心灵的震撼，明末知识阶层中的一部分人相当迅速地接受了这一多种文明共存的新世界图像，除官员王泮、赵可怀、李之藻、吴中明、郭子章等之外，开明学者李贽、冯应京、谢肇淛、方以智等人，也都引用了这个新世界图像的观点。翻刻世界地图的冯应京还发出这样的感叹："无远弗届，是耶非耶？"[2]因为他在地图上细数了受中国文化影响的国家，不过只占世界的 1/5 而已，过去长说的"声教广被，无远弗届"[3]

1 林东阳：《利玛窦的世界地图及其影响》，纪念利玛窦来华中西文化交流国际学术会议文集，1987 年 362 页。
2 杨光先：《不得已》，吴相湘编，《天主教东传文献续编》，台北学生书局 2004 年 231 页。
3 杨光先：《不得已》，吴相湘编，《天主教东传文献续编》，台北学生书局 2004 年 231 页。

岂不成了一句诳语？

因为世界观的改变而对中国文化产生了怀疑，特别能够体现其在一般知识思想与信仰世界的普遍影响的，是印数与读者都相当多，而且通常被认为是记载普遍常识的类书中，多收录了利氏世界地图，如万历三十年序刊的《月令广义》卷首有《山海舆地全图》、同年的《方舆胜略》外夷卷一载有《山海舆地全图解》，万历三十七年刊印的《三才图会》有《山海舆地全图》、万历四十年刊印的《性理笔乘集要》也有《山海舆地全图》、万历四十一年序刊的章潢编《图书编》卷十六有《昊天浑元图》、卷二十九有《舆地山海全图》[1]。

利玛窦受到了不少明末文人士大夫的欢迎和接受，但这些人的科学知识和治学态度均不足以从事西学的流传推广工作。作为虔诚的耶稣会士，利玛窦在华顺利传教的最重要的策略是他对中国传统儒家文化的迎合，但他没有充分估计到中国传统文化的强大惰性和奇怪的化解方式。"补儒合儒"的传教方式，只是让孔夫子微笑着领受了耶稣的朝拜，远远没有达到"超儒"的初衷。中国是一个独立发展起来的封建帝国，文化有其完备体系和独立性，统治者凭借封闭与保守维系着自己的尊严，视近代西方文化如洪水猛兽，惟恐避之不及。同时，当权派为维护其狭隘的阶级利益，人为的设置西方文化在中国传播和交流的障碍，已经走到科学不被重视，进步受到阻碍的极端田地。部分文人士大夫们进步的人文精神、大同理想在一个封闭社会里基本上不起作用，更何况李之藻、徐光启等为代表的先进士大夫在接受学习西方科学技术知识的时候，仍然没有跳出传统士人的一般意识，同以前饱读经书、遍览古今一样，目的只是为了使自己更为博学。在历史的长河里基于文化的优越感而沉积下来的天下观心理和思维定

1　徐昌治：《破邪集》，周浴方编，《明末清初天主教史文献丛编》，北京图书馆出版社 2004 年 78 页。

势，已积淀为国人的集体无意识，他们不能够正确地判断中国处在 16、17 世纪世界历史大变动里的位置。

长城时代的静态农业社会，客观上不需要新科学打破其自力更生的运转秩序。世界图像的改变对于古代中国关系太大，地图绘制背后关于民族与国家的意识形态仍然相当强烈，不仅是主流的权力话语，就是当时的很多中国士人，也不能接受这种世界图像的改变。一班墨守成规的人大加指责，声讨利玛窦"小中国而大四夷"之罪[1]。尽管利玛窦已经很注意地把中国画在了中间，但明末的魏睿仍激烈地加以抨击："中国居全图之中，居稍偏西而近于北，试于夜分仰观，北极枢星乃在子分，则中国当居正中，而图置稍西，全属无谓……鸣鸾、交趾，所见相远，以至于此，焉得谓中国如此蕞尔，而居图之近北？其肆谈无忌若此。[2]"

也有人不相信这些知识是可靠的，起而加以辩驳，甚至明清之际的大学者王夫之囿守盖天说，认为利玛窦见识狂妄，遑论他人。这不但是受天下观之累，还因为对地球的形状，对地图的投影完全不明了的缘故。

翰墨淋漓书历史，毛颖半寸撬乾坤。然而遗憾的是，利玛窦的世界地图只是让中国人走出了从天下观转变为世界观的第一步。在踏出这一步以后不久，就停滞不前了。继利氏之后，假道澳门进入内地绘制世界地图的还有西班牙人庞迪我，意大利人艾儒略，比利时人南怀仁和法兰西人蒋友仁等。明万历、清康熙、乾隆皇帝都重视或组织人力仿效西法测绘、编制中国地图，先后有《皇舆全图》、《乾隆皇舆全图》等 104 幅等地图问世，并达很高绘制技术水平，属世界前列。故时人剑华堂为此拍案叫绝："鸣呼！今日之天下，与古之天异矣！……西人东来，地球图书夫然

---

1 林东阳：《利玛窦的世界地图及其影响》，纪念利玛窦来华中西文化交流国际学术会议文集，1987 年 362 页。
2 徐昌治：《破邪集》，周浴方编，《明末清初天主教史文献丛编》，北京图书馆出版社 2004 年 78 页。

五洲之土地，数十国之名号，粲然而分呈 [1]"。清朝康熙皇帝对于西方科学十分重视，清朝也画了一些世界地图，我们可以以《皇舆全览图》为例，对康乾时期我国制图的辉煌和遗憾试做分析。

"我一直在思考，为什么从明末清初开始，我国科技渐渐落伍了。"2014年6月9日，国家主席习近平在中国科学院第十七次院士大会、中国工程院第十二次院士大会的讲话中提出了这个引人深思的问题。随后，他运用康熙《皇舆全览图》的例子，对这个问题进行了解答："1708年，清朝政府组织传教士们绘制中国地图，后用10年时间绘制了科学水平空前的《皇舆全览图》，走在了世界前列。但是，这样一个重要成果长期被作为密件收藏内府，社会上根本看不见，没有对经济社会发展起到什么作用，反倒是参加测绘的西方传教士把资料带回了西方整理发表，使西方在相当长一个时期内对我国地理的了解要超过中国人。这说明一个什么问题呢？就是科学技术必须同社会发展相结合，学得再多，束之高阁，只是一种猎奇，只是一种雅兴，甚至当做奇技淫巧，那就不可能对现实社会产生作用。"

此前3个月，习近平主席访问欧洲诸国，德国总理默克尔向习主席赠送了1735年德国人哈斯绘制的中国古代地图。究其本源，哈斯地图的资料来源就是清代《皇舆全览图》。1708年，经过大量的准备工作，康熙在白晋、雷孝思、杜德美等西方传教士的帮助下，下令以"西学量法"开始测绘中国各省地图。康熙是个极具谋略的政治家，也是个学术造诣颇深的科学家。他以一个政治家的眼光看到了精确的地图在政治、外交上的巨大作用。地图的绘制在当时是皇家工程，康熙主持了地图测绘的全部工作，相关的重要的计划、法规等都由他裁定，甚至考察人选、组织机构、工作质量他也会一一过问。不仅如此，康熙还亲身前往实地考察，每次出京巡视，他都会带上钦天监官员和测量仪器，对当地进行

天朝远来未可期——华土与天国之间的利玛窦

1 张廷玉：《明史》，北京中华书局1963年。

勘查，以取得第一手资料。由皇帝亲自领导测绘全国地图，在中国乃至世界上都是少见的。历经十年寒暑，全部测绘工作完毕。测量工作是分省进行的，各省边绘边测，每省测完，地图也很快绘成。《皇舆全览图》，是大清最精最全之地图，成就了中国从未有过的辉煌，在世界大地测量和制图史上也是空前的事件。李约瑟在《中国科学技术史》第五卷《地学》中，认为《皇舆全览图》是当时世界第一流的地图测绘成果。在康熙《皇舆全览图》之后，雍正朝编绘了《雍正十排皇舆全图》，乾隆朝编绘了《乾隆内府舆图》。清初的全国地图测绘工作，不仅在中国地理学史、测绘史上具有重大意义，即使在世界测绘史上也是创举和奇迹，这主要表现在以下几点：第一，在世界上最早采用了以经线弧长来决定长度标准的方法，测绘中首次发现经线 1 度的弧长不等，为地球"扁圆说"提供了重要实证。第二，这次测绘工作是中国第一次采取科学的经纬度测量法绘制地图，为中国地图的科学化奠定了基础。第三，清初乃至明末绘制的中国地图资料被传教士带回西方，对世界地理学和制图学做出了贡献[1]。

所谓大厦有多高，阴影就有多长。《皇舆全览图》等地图的绘制遗憾也颇多：第一，《皇舆全览图》的测绘并不是中国地理学者与西方传教士的科学合作。在明末清初甚至以后的一个相当长的时期里，西方地理学、地图学知识的传播仅仅局限于很小的学者圈子里，远远没有成为普罗大众中国人的地理常识。《皇舆全览图》的测绘活动，是当时世界水平的一次测绘活动，并不属于中国地理学者与西方传教士的科学合作，只是西方传教士为使康熙皇帝改信天主教而满足其个人科学兴趣，同时也符合派出国科学需要所进行的一次测绘活动。所谓没有像挑战一样的应战就不会产生创造性的火花。第二，一个社会的知识成果不能有效的得到积累，社会总体知识水平往往不是进步而是倒退，地图学史

1 赵荣，杨正泰：《中国地理学史（清代）》，北京商务出版社 1998 年。

恰恰证明了这一点。第三，《皇舆全览图》自问世之日，便深宫秘锁，未能及时推广普及。与世俗化的近代气氛完全脱离，生活在"圣化"环境中的利玛窦以及在他之后来到中国的耶稣会士，最终都没有成功的说服那些在天圆地方的宇宙观和中华中心论影响之下的中国文人。而在欧洲，传教士把它的复制品和有关资料公之于众，获得广为流传。闭关锁国政策的施行，由禁海令、迁海令乃至片板不得入海，使中国失去了有可能在科学上与欧洲同步起跑的机会。以至于鸦片战争前，中国人的世界地理知识依然贫乏的可笑。降至晚清，魏源作为著名的思想家，但在其代表作《海国图志》中反映的依然是天下观的认识。由天下观改变之不易，愈能发现利玛窦世界地图的意义。由利玛窦的世界地图到《皇舆全览图》，地图应用及传播的两种不同状态，源于对地图认识的差异，其背后则反映出了对待科学的不同态度。习近平主席之所以关注《皇舆全览图》，应该不是为了研究它的技术水平和绘制方法，而是为了倡导实施创新驱动发展战略——科技成果要"同国家需要、人们要求、市场需求相结合"。

第三章
中国法律的实践、认知与想象[1]

第一节　利玛窦及其他传教士在华诉讼事略

利玛窦在《利玛窦中国札记》中非常详细的讲述了其以及传教士同侪在进入北京之前的多次诉讼[2]，从而确立后其对中国法律制度审视的实践优势。

1　16世纪以后的中国与西方世界开始频繁接触，欧洲的商人、传教士、旅行家乃至清季的外交官开始向西方介绍中国的政治、军事、经济、社会等各方面的情况，其中相当多的内容涉及到中国的法律，本书探讨内容之外，如方济各·沙勿略（Francisco Xavier）有关中国见闻的遗札《沙勿略事辑》，与利玛窦一起从澳门晋京的西班牙传教士庞迪我在社会学领域将西方宗教哲学、法理学与东方礼教和法律文化进行观察与比较的著作《书信》，金尼阁1625年完成的《西儒耳目资》等多有论述，但囿于资料、时间等因素，尚待进一步研究。

2　《利玛窦中国札记》（利玛窦著，金尼阁翻译增补，何高济、王遵仲、李申译，中华书局1983年版），再版多次，国内流行甚广。但该书的内容经过了金尼阁的整改与加工，西方对其毁誉参半。《札记》原版由金尼阁根据利玛窦意大利文手稿翻译成的拉丁文，之后又经过多次转译，中华书局所采用的底本为英文版转译本，故此译稿在对原著的还原程度上存在一些问题。台湾光启出版社曾经于1986年出版过《利玛窦中国传教史》（刘俊余、王玉川合译），该译本将利玛窦回忆录手稿的意大利文原著译成中文，较之中华书局版的《札记》更加接近于利玛窦的手稿，但该书在翻译和出版中存在一些严重问题，如误译、装订编排错误等，使得该译本的价值大打折扣。文铮先生根据德礼贤于1942-1949年整理出版的三册《利玛窦史料》，将其中利玛窦意大利文手稿的内容重新翻译成中文，并由美国波士顿大学梅欧金教授（Eugenio Menegon）校对，出版了包括利玛窦回忆录《耶稣会与天主教进入中国史》（北京：商务印书馆，2014年）、书信集《利玛窦书信集》（北京：商务印书馆，2014年）两本译著，此版为迄今为止关于利玛窦手稿的最好的中译本。但本章主要涉及诉讼，由于时间所限，仍以中华书局1983.2010年本作为研究依据。

（一）肇庆的诉讼

第一次发生在 1584 年的肇庆，1582 年，31 岁的利玛窦与同伴罗明坚在译员裴理伯的陪同下来到两广总督府驻地肇庆，受到知府王泮的礼遇。通过实地考察并经王泮同意，神父们决定在兴建中的崇禧塔附近建造教堂和住所。次年，"圣童贞院"教堂落成，肇庆知府王泮题写"僊花寺"牌匾挂在教堂大门上。

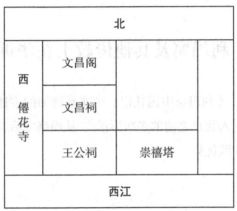

万历十六年的崇禧塔院[1]

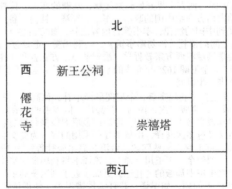

崇禧塔景区现状

----

1 僊花寺旧址，中外学者多有涉猎研究，如意大利弗朗切斯科·玛利格拉、黎玉琴、宋黎明、李护暖、陈羽、刘明强、何凯文、刘晓生、张致政等，但始终未有定论，肇庆市文物管理委员会所立僊花寺遗址纪念碑在崇禧塔东侧，笔者倾向于在如图位置。

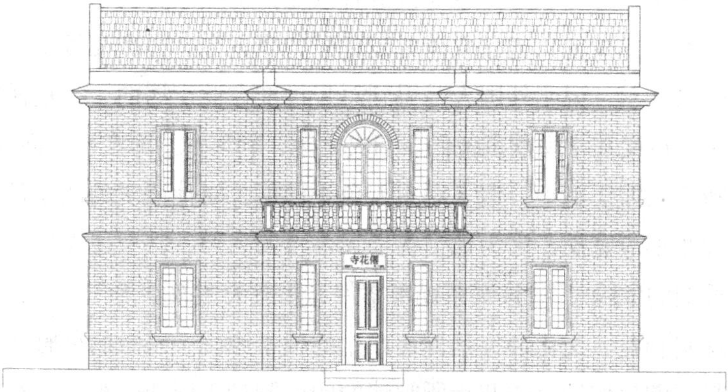

僊花寺正面模拟图[1]

入住的第一天，王泮特地在房子外张贴布告，说明外国僧人入住的房屋是经两广总督批准兴建的，任何人骚扰他们要受到严惩。7 月的一天，几个顽皮的小孩走上崇禧塔向僊花寺扔石头，教堂里的印度制钟匠跑出去抓到一个小孩，把他拖进教堂，威胁说要把他送到公堂上去，利玛窦下令把孩子放走。好事者为了驱逐利玛窦，借题发挥，说孩子被神父抓了 3 天，目的是把孩子偷运到澳门卖为奴隶。“为使百姓更加相信，他们穿过城里人烟最稠密的地区，都披头散发，唉声叹气，从一条街走到另一条街，向上天和官员们呼喊，要求惩罚洋鬼子的罪行。”[2] 王泮受理了案件，在未明真相的情况下，把过失归之于印度制钟匠，勒令将其遣返澳门。利玛窦面临一项严重的指责，最令人担心的是，这件事或许要把多年的辛劳化为乌有，结果使基督教的传播蒙受巨大损失。面对危机，利玛窦和他的朋友们谈论这一案情，并草拟一份辩词

1 [意]弗朗西斯科·马格里奥库勒(Francesco Maglioccola)：《中国的第一所西式住宅》，《利玛窦——明末中西科学技术文化交融的使者》，广东人民出版社 2010 年版，第 47 页。另见：[意]弗朗西斯科·马格里奥库勒（Francesco Maglioccola）著，何凯文译：《利玛窦与中国情怀——以我们的方式建造住房的梦想》，（澳门）《文化杂志》中文版 2008 年春季卷。

2 [意]利玛窦，[比]金尼阁著：《利玛窦中国札记》，何高济，王遵仲，李申译，中华书局，1983 年版，第 176 页。

想要戳穿诬告。次日，得 3 目击者做证，王泮查明真相，按律对诬告者责以杖刑，当庭取消对制钟匠的驱逐令，再次在教堂大门上贴出告示，说明外国人是得到总督批准在此定居的，禁止任何人违反道义和常理欺负他们。判决之际，利玛窦"跪在长官面前，不断弯腰叩头触地，请求对犯人免于刑惩。对他请求的回答是：这种罪不应宽恕，因为他损害了无辜者的名声，甚至使无辜者有受重刑的危险。"[1]该案系民事案件，建造天主教堂僊花寺所关涉的现实利益、文化冲突是诉讼产生的根本原因，宗教的分野在其中起了催化作用。僊花寺所聘请的印度制钟工匠成为被告，利玛窦以"事主"身份出庭成为证人，历经诉讼的各个环节，使其对中国审判制度中的行政兼理司法、民刑诉讼程序不加以区分、以严刑讯问为断案必由之路等做法有了深刻的认识。此外，此案原告方当事人中出现了一个讼师的角色，讼师挑词架讼，添油加醋歪曲案件事实，给被告方利玛窦带来不小的麻烦。

传统中国社会崇尚儒家"礼优于法"、"讼终凶"的法律主张，古代民众国家多视法律为不吉之物，甚至憎恶法律，憎恶诉讼。封建国家对"民间细事"主要采取调解的办法解决，对讼师的介入严加禁止。又由于中国商品经济不发达，在一个以自然经济为基础的农业社会里，产生职业律师的条件远不成熟。更为重要的是，中国封建社会政治上实行高度集权的封建专制统治，司法从属于行政，这也是没有形成严格意义上的律师制度的重要原因。尽管如此，中国古代社会，由于诉讼制度的存在，仍有类似律师的活动和现象。现代意义上的律师，古代与之类似的职业可能要数讼师了。讼师的活动早在春秋时期即已出现，邓析为讼师祖师爷，封建社会更为普遍，且逐渐为法律所肯定。古代诉讼要先向官府递交诉状，陈述案情。由于当事人几乎都是文盲，他们无法用文字表述案情，于是社会上出现了专门为他人书写诉状的人。

1　《利玛窦中国札记》，第 178 页。

由于讼师通晓法律，在能够保护当事人利益的同时，也有要挟官府之举，因此《唐律疏议·斗讼》规定："诸为人作词牒，加增其状，不如所告者，笞五十；若加增罪重，减诬告一等。"这说明，受人雇请代写词状的讼师在唐代就已经普遍存在。因此，对于代书讼师"加增其状"的现象，不得不在立法上加以限制。到了明代，不论加增其状，还是减消其状，法律规定一概治罪，而且在刑罚规定上，要比唐代严厉的多："凡教唆词讼及为人作词状增减情罪诬告人者与人同罪。若受人雇诬告人者与自诬告同，受财者计赃以枉法从重论。若他人愚而不能伸冤教令得实，及为人书写词状而无增减者，勿论。"讼师生活在民间，其活动从代写诉讼文书到指点诉讼活动，乃至介绍讼师业务的书籍，都属于禁止之列。因此这个讼师的出场，为考察封建社会讼师的社会活动提供了一个外国人的视角。

利玛窦无疑是幸运的，因为知府王泮还算开明，与利玛窦私谊颇深，对传教多有提携照应。在案件审理过程中，为了免使神父当场受窘，他宣布神父无罪。这次涉诉是传教事业中的一次重大危机，虽然涉险过关，但利玛窦也惊出一身冷汗：晚明是一个天崩地解的时代，各种离经叛道的思想纷纷出现。耶稣会士登陆中国，其神学观念异质于中华文明，一时还不能让国人理解。中国传统的主流信仰是儒学，不是西方意义上的宗教（利玛窦称之为自然神学）。但利玛窦的高明之处在于他"化危为机"的顺应能力，以此次诉讼为契机，居肇6年，他最终意识到，中国人靠儒学协调信教与不信教的矛盾，以及儒、释、道等各种不同的信仰和文化之间的关系，达至"和而不同"的理想境界。由于中西两大不同质的文化缺乏互相了解和沟通而引起的误解和碰撞，都是靠郭应聘、王泮、黄时雨、方应时等一些具有较深儒学素养的官员和文人学士的帮助，才使他得以一次又一次走出困境。利玛窦在肇庆认真研究并亲身体验到儒学的博大精深，促使他逐步走上尊重大多数中国人不信仰严格意义上的宗教而信仰儒学、渴望了解世界和学习先进科技文化的内在要求，从抵制以桑切斯为代表的中世纪欧洲经院哲学极端派的武力传教主张，吸收孟三德、罗明坚急进式传教的失败教训，到完全放弃用西方宗教来归化中国人的企图，把宗教传播变为以科技文化为先导，慢慢深入到哲学层面沟通的文化活动，从而开辟了尊重中国国情，与中国社会相适应的正确路向。正是这一从文化适应发展到社会适应的正确路向，使利玛窦能突破明代上半叶被统治者扭曲为中国式经院哲学的程朱理学藩篱，深入陆王心学的空间，实现西方文化与中国传统文化的平等对话。应该说，利玛窦的这次涉诉，影响深远。

第二次诉讼也发生在肇庆。

崇禧塔是明万历十年肇庆知府王泮为造福当地百姓而主持兴建的，现存于崇禧塔东侧的碑刻《新建崇禧塔记》载：

> 肇庆据东粤上游，南有大江，来自万里，束以双峡，所以聚风气而钟灵秀也，惟是后沥之水顺流东下。万历十年，诸生言：郡北故无堤，沥水环绕。自成弘后，沥为堤捍。上自桂林，下至羚羊峡，滔滔而东，其气不聚，人材遂如晨星，未可尽归于人事也。石塘故有水道通江，请复之。无宁兹注下田塘，亦藉以杀潢潦，业凿渠道。沥自北而南，由东郊至小市石顶入江矣。诸生复言：小市石顶，隐然郡之左臂，其趾方丈，其石磊砢，其地绾长江下流。赖大夫之灵，通沥于江，如形家言，则此乃捍门哉？请建浮屠其上，镇之便。余难之曰："若何淫于佛氏之说乎？"诸生曰："天倾西北，故水东南驰。夫其驰于东南，天地无如之何也。然河则有砥柱，于入海则有碣石；江则有灩滪，于入海则有金山。若以障其澜而回之者，

碣石、金山、人之所不能为也；浮屠，人之所能为也。辅相天地之宜，非大夫谁任？乐有龠，橐亦有龠。其物虽同，其为用则异。苟吾用而便，吾何以其名为？"余曰："诺"。既一年，□□丰登，蓝符衰息。乃布命境内，若里居族姓、鄙师酇长、以迨黄耇，闻命奔走庀材鸠工者不谋而合。于是奠址廓基，为梯者九、舳而面者八，高以尺计可二百。所糜银以两计，凡三千有奇，皆酿金，不出帑一钱。董之者，邑人、知县谭君谕也。始壬午九月，迄乙酉四月告成。远近观者，举欣欣色喜。余惟天下事，孰非时为之哉。天地之气，浑涵磅礴，郁而复流，其灵粹所钟，清淑所畜，恒需久而泄。迨其泄也，不能无助于人。则人与天交相赞者，皆不能违乎时也。浮屠议非一日矣，往往格于道谋。今一倡而举，事不三年而成。拔地摩霄，金碧辉映，基磐势巩，不矗不泐，峭然若卓笔、若端笏、若奇峰之峙。说者以为文运之应，非耶？西江之水千流万派，汪洋湃湃，至于石顶，若拱若揖，去而复留，涵精萃气，斯固融结于千万载之前，于兹而发。济济多士，应运而兴，仪上国而祯王家，故令鸿造，创于一时，而余适觏其成也。况倡一和万，如响斯应，富者输财，窭者出力。子来丕作，无窳无堕，可卜人心之和矣。夫作事者时，昌时者气。一时人士踊跃奋迅，思振其旧而新之，图文运之昌，殆非虚语。不然，孰鼓舞？是诸生勉之，无负昌期哉。[1]

崇禧塔"始壬午（万历十年，即 1582 年）九月，迄乙酉（万历十三年，即 1585 年）四月告成"。塔身呈八角形，外观九层，内分十七层，总高 57.5 米。"崇禧"二字取"文运兴旺"、"鸿福无疆"之寓意。该塔造型古雅，巍峨壮观，登塔眺望，西江两岸秀丽风光尽收眼底。崇禧塔和僊花寺，物理空间上近在咫尺而且修建时间颇为接近，民间谣言说传教士修建僊花寺动用了公帑，也有人以为崇禧塔（"花塔"、"番塔"）也是传教士所捐资兴建的。为了辟谣，长官（指王泮）就又颁布了一道有关神父事件的布告，他命令把布告张贴在他们所居住的内城里。告示的内容主要如下："教堂是用外国教士的资金和劳力修建的，但塔却是肇庆官府用公家的钱修筑的，藉以保障该省的繁荣兴旺。外国人对它的建造毫无贡献。[2]"

一波未平一波又起，"有个名叫马丁的新入教者，不配信教也不配这个名字（笔者注：马丁，英文 Martin，含义为"好战的"）；他在澳门被接纳入教，证明对教团既是包袱又是威胁。他从广州来到我们肇庆的家里看望神父，或不如说是来诈骗神父。罗明坚神父很看重他，指派他担负各种小职位和责任，唯恐由于他忽视基督教的神功而不得不把他从少数几个教徒中开除出去。他和神父们厮熟，这使他能够欺骗肇庆的其他几个信徒。[3]"

当时很多中国人热衷于炼金术，差不多使他们发了狂。人们普遍认为，采用一种只有在外国找得到的草药，可以把水银变成银子，是为"黄白术"。因为利玛窦等是肇庆不多的外国人，就

---

1 明万历十五年（1587）岭西道副使王泮撰《新建崇禧塔记》，该碑文最早著录于万历《肇庆府志》卷七"地理志一"载"知府王泮建崇禧塔自有记"，宣统《高要县志》卷廿三"新建崇禧塔记"对万历志有所补充。《肇庆市文物志》（1987 年版）大概据宣统志而作句读，但文末立碑相关名录被略去。该碑石现存崇禧塔东侧，碑身基本完好，惜碑文已漫漶不清。文中所录碑文为肇庆市博物馆刘晓生先生整理。

2 ［意］利玛窦，［比］金尼阁著：《利玛窦中国札记》，何高济，王遵仲，李申译，中华书局，2010 年版，第 200 页。

3 《利玛窦中国札记》，第 201 页。

有谣言说传教士随身携带这种草药而且通晓黄白术。很多人极力证明这一点，便指出葡萄牙人为例，据说葡萄牙人用高价从中国买进大量水银运往日本，从日本他们满载银币返回他们本国。进而得出结论，神父们也干同样的事情，因为神父们老老实实的生活，不求施舍，不事生计，必然是通过黄白术变出来大量的银子。在肇庆的新信徒中有父子二人，他们在皈依前在炼丹炉中烧光了整个的家当，于是两人去找骗子马丁打听神父们是否知道黄白术的秘密。马丁为了欺骗他们，保证说神父们知道，而且罗明坚神父已经答应把方子交给他，但条件是他不可外传。于是二人欣然上钩，供应马丁吃喝玩乐，甚至替他买了个老婆。这场诈骗持续了几个月，当纸里包不住火时，马丁偷了教堂的三棱镜溜之大吉，受害人幡然悔悟于是案发。马丁在广州被抓押回肇庆受审，但此际骗子借助建塔谣言，已经成功编造了一大堆污蔑之词，甚至发展到在街头巷尾散发传单，指控一名神父和一个妇女胡作非为。

公堂的判决宣布神父完全无罪，马丁犯了诬谤罪。接着下令把他带到长官面前，当着罗明坚神父的面，把他狠狠打了 20 大竹板，判他偿还债主并罚去做划船苦役。宣判之后就把马丁送给上级岭西道，请求批准这次判决，这使得"那个倒霉的家伙彻底完蛋了，因为岭西道听说全部真相时，就下令再打 60 大板，和上次一样狠。然后，罪人被加上镣铐，沦落到被他所有的朋友和亲戚都遗弃了的地步。神父们是他的受害人，但只有他们留下来照看他，他们这样做了并且尽可能地帮助他，直到他受刑几天后因伤死去。……因此，靠着上帝的恩典，神父们摆脱了危险的处境，并免除了一项丑闻。[1]"

第三次诉讼。第二次诉讼终结刚刚画上句号，传教士仍然处于舆论的风暴中。1588 年，岭西道王泮迁湖广参政，惠州知府黄时雨继任。那两个在倒霉的马丁死时损失了钱财的信徒，迁怒于

---

1 《利玛窦中国札记》，第 204 页。

教团，千方百计的从事制造麻烦。此时，孟三德神父返回澳门，罗明坚神父去罗马安排教皇的使节，麦安东奉命来肇庆陪伴利玛窦，新的指控不约而至。肇庆的乡绅指控传教士修了崇禧塔，事有诡异，搞得人心惶惶，民众普遍感到不安。他们断定，建塔的费用约为五、六千金币是由澳门的葡萄牙人支付的，教团是由他们支持的；他们在其中所能看到的唯一目的就是要给国家制造一场大灾难，这件事肯定是逃不过官府的注意的。罪状很值得重述，因为撰写的很巧妙并按中文修辞的规矩字斟句酌以加强说服力。

当时的省检察官姓蔡（Ciai，原意大利文写作Ciaiuen，察院，官员为蔡梦说——译者注），因执法严厉享有盛名而颇为自诩；因此他受到所有人的普遍敬畏。他决定认真审查整个事件，随后即命令广东省的海军大将进行调查。这个职位的正式官称是海道（Haitu），因为它负责处理该省的一切外事活动。海军大将又把它交给广东府的长官，后者把检查官盖印的文件交给肇庆府的长官，命令他开堂审讯并把判决报告广东。这道命令有几个公证人知道，而利玛窦神父在两天前天前得到警告，要他应召出庭。他也从这些人那里得到父老们起草的控告书和文件的抄件。恰好当时长官不在肇庆，已去北京参加按习惯每三年举行一次的朝拜大典。他的代理人，即长官的副手，姓方（Phan），是个好心肠和性格开朗的人，和神父们是至交。他请来利玛窦神父通知他说，检查官已得到控告他和他同伴的案件。利玛窦神父事先已知道整个情况，强烈地反对整个控告，他承认一些事，但大多予以否认，声称有关建费用的条款纯属诬陷，全村都会反对的，如果把他们召来的话。那个署理官员回答说，几年来的经历已足以使他相信神父们的品德和清白。事实上，一想到这些讨厌的老人干预别人的事，涉及肇庆的利害，他就生气；那些人对此几乎什么都不知道。然后他劝利玛窦对原告控以诽谤罪，从而洗清自己和同伴，并说他本人会保护他们的利益并认真地把已知的真相和原因报告视察官。最后他遣走了神父，劝他保持勇气。[1]

第二天，岭西道回到城里，他对新的诉讼一无所知。利玛窦和麦安东两神父按自己处境的需要向他表示习惯的敬意，前去拜见。利玛窦就把三角玻璃棱镜送给了他，岭西道对这份礼物感到高兴，当他打听到它在欧洲不值什么钱时，尤其高兴，然后他吩咐给神父两枚金币作为镜子的价钱。麦安东神父也被许可留了下来。利玛窦趁机申诉了父老们在控告中所进行的中伤。他解释说，他和他的同伴为中华帝国的伟大所吸引，8年前远渡两万英里海洋，从欧洲前来。他说他本人是个献身于宗教、发愿贫困守身的人，他的唯一职务是为至高无上的神明服务。他坚称，在这整个时期内他都小心翼翼地不伤害任何人，严格遵守国家的法纪。他申明，这就是控告书中离奇说法的集中之点，如果受理案件的法官不是一个公认为执法不阿的人、不是一个正义的严格捍卫者，那就会造成很大的混乱和麻烦。他声明，在一个法纪严明的公堂上，他和他的同伴将轻易地辩明对他们所加的指控，这是预见得到的结论。然后他请求对起诉严加调查，并把结果如实上报检查官。这个请求转给了长官的代理人，他马上开堂审理，在审理过程中他始终警惕地保护无辜的被告人，在他已发现整个控告不符事实时，格外是这样。审理的全部过程上报给岭西道，从而使判决更具有权威。正如所愿，他对一切都表示同意，但超出任何人所料，他

1 《利玛窦中国札记》，第212页。

对神父们大加赞扬。在起诉文件的末尾，他附了一道命令，内容是神父们的申辩书和审讯的详情不要退还给转来原诉状的广东长官，而要直接交给检查官。这证明是一个开恩的姿态，它一劳永逸而又巧妙地结束了这场特殊的而且肯定是危险的事件[1]。

（二）韶州的诉讼

"在岭南文化圈中生活的这段时间，利玛窦经历了各种风雨，遇上了众多麻烦，但是其中具有重要影响的事件当属不得不离开长期经营的肇庆，北移接近江西的韶州。[2]"

明王朝建立伊始，开国皇帝朱元璋改变了唐宋元时期对海外开放的局面，取而代之的是实行严厉的海禁政策，禁止民间私人进行海商贸易活动，以至于"寸板不许下海"，惟一保留的是朝贡勘合体制内的官方贸易，这种由明王朝主导的以朝贡为前提的勘合贸易，范围及其有限。为了防止沿海人民入海通商，明朝法律《大明律》规定了严酷的处罚[3]办法："若奸豪势要及军民人等，擅造三桅以上违式大船，将带违禁货物下海，前往番国买卖，潜通海贼，同谋结聚，及为向导劫掠良民者，正犯比照已行律处斩，仍枭首示众，全家发边卫充军。其打造前项海船，卖与夷人图利者，比照将应禁军器下海者，因而走泄军情律，为首者处斩，为从者发边充军。"利玛窦传教之时，粤地外患猖獗，内忧不止，武装反抗事件接连不断。肇庆知府刘继文肩负着剿匪安民的特别任务，基于朝廷防务安全的考虑，官员自保的考虑，加上传教士们越岭南入京畿深入中华文化核心的深层需求，利玛窦北上韶州[4]。由于

---

1 《利玛窦中国札记》，第214页。
2 黎玉琴：《岭南文化圈时期的利玛窦》，武汉世界图书出版公司《言犹未尽利玛窦》2013年版。
3 黎玉琴：《岭南文化圈时期的利玛窦》，武汉世界图书出版公司《言犹未尽利玛窦》2013年版。
4 黎玉琴：《岭南文化圈时期的利玛窦》，武汉世界图书出版公司《言犹未尽利玛窦》2013年版。

黄白术的谣言，传教士被强盗盯上，新的诉讼如影随形。

"（1592 年）七月间一个夜晚，隔壁在举行婚礼时，教堂被强盗闯入。……暴徒们充分武装，人多势众。有两、三名仆人受了重伤，石方西神父头上被斧子轻微砍伤。……利玛窦神父从一扇窗户爬进小花园，但脚踝受了重伤，不能到路上去叫警方。于是他叫四邻来帮忙，但邻人和强盗勾结一起，甚至于怂恿这次抢劫。最后，求救的呼喊和倾落在头上的木料足以使盗匪们惊恐，他们一无所得撤退到附近的寺庙里，他们很可能就是从那里来的 [1]。"

韶州府推官黄秀华受命审理此案，"叫神父（利玛窦——笔者注）按正规法律手续提出控告罪犯的状子，他被迫这样做了，但是很勉强。状子措辞温和，说明没有被偷走什么，最后请求长官宽恕罪犯，如果做不到，就请从轻判刑。这和中国人打官司的方法都不相同。通常原告不仅夸大罪状，而且还增多被窃的数量，好从官司中占到便宜。长官看到状子，有点惊奇，他赞同原告人的宽宏大量。" [2] 副长官看到状子，也很惊奇，他赞同原告人的宽宏大量。

"这时碰巧有一个罪犯在袭击教堂时丢了他的帽子，这顶帽子在第一次上诉时就呈给了副长官。审讯中，犯人一个挨一个在头上试戴这顶帽子，发现其中有一个人戴上去完全合适，肯定就是他的东西。中国帽子是按照每人的脑袋做的。由于它们恰好吻合，所以戴帽子要相当费力地扣压和摆正，除了本人之外，别人戴上都不舒服。这名特别的犯人就这样根据他的帽子验明正身。其他物证以及他们本人的招供使整个事情大白，接着宣布对罪行的如下判决。抢劫的首犯被处死刑，其他的人按参与罪行的情况

1　《利玛窦中国札记》，第 265 页。
2　《利玛窦中国札记》，第 266 页。

或罚充船奴，或发配皇家为奴。[1]"

案子的处理一波三折，但最后结果是神父们为胜利而高兴。依照《大明律》该案案由应属贼盗，但有入室威吓、抢劫、故意杀人诸情节，性质恶劣，案情殊为重大。法律的生命不是逻辑而是经验，利玛窦来华已历十载，再加上在肇庆时经历了一场官司，因而对中国文化的理解进一步加深，对汉语的运用也有所改进，能对中国诉讼制度谙熟于心，诉讼程序细节的洞察入微。利玛窦身为一介传教士，灵光烛照，宽大为怀，起初想大事化小使一桩刑案消弭于无形，但奈何官府强力介入，"一字入公门，十牛拉不出"，利玛窦作为本案原告方，依律向官府提交诉状，诉状以事实为根据，没有夸张的叙述，没有铺陈的描写，赢得了官员的好感。判决结果公平公正，不枉不纵，利玛窦对此颇感满意。

（三）天津蒙难

接下来的诉讼发生在 1600 年的天津。时年 7 月 3 日，利玛窦一行人等为赴京向皇帝进贡，乘刘太监官舟赴京途中抵达山东临清，山东税监、太监马堂垂涎神父们送京的礼品，写信给皇帝，请皇帝允许马堂专责护送神父们进京。"皇帝派太监们出去收税，其实就是掠夺。……当地的居民和驻军奋起反对他（马堂——笔者注），烧毁了他的家，杀死他所有的家奴。但是恐惧并没有结束他的贪婪，人们说他自从遭了那场灾难后，变得比以前更坏了。[2]" 7 月 18 日，利玛窦在马堂兵卒的监视下启程，"船上有四个士兵，夜间充当守卫[3]"，24 日抵达天津。在天津逗留了 3个多月，得接圣旨，说外国人带给皇帝的礼物，必须另本上奏。马堂借清查物品之机勒索财物，又由于当时朝中大臣与宦官的矛

1　《利玛窦中国札记》，第 273 页。

2　《利玛窦中国札记》，第 276 页。

3　《利玛窦中国札记》，第 276 页。

盾白热化，马堂呈报神父礼品清单的第二则奏疏迟迟得不到礼部回复，马堂担心此事给自己惹来麻烦，乃借口神父们隐匿实物不报，再次搜查神父们的行李，发现耶稣死难十字架，诬陷利玛窦等行盅，欲加害皇帝，把利玛窦等投入监狱。利玛窦"被召到公案之前，他身着犯人穿的棉布长袍，头戴老百姓戴的圆帽。首先，他被命令跪下……[1]"待马堂回临清之际，利玛窦一行被关押在天津的监狱里，"寒冷和极差的住室给长期滞留的神父们造成了很大的不便[2]"，利玛窦无能为力，几乎万念俱灰，"似乎是上天一直在等待着神父们放弃一切人类的援助的希望，而把他们的计划完全托付于上帝之手。[3]"过了很长时间，有一天万历皇帝突然想起有奏疏说外国人要进贡一座自鸣钟，当他得知还未进京时，立即批示："天津税监马堂奏远夷利玛窦所供方物暨随身行李，译审已明，封记题知，上令方物解进，利玛窦伴送入京，仍下部译审。[4]" 1601 年 1 月 24 日，利玛窦以向万历皇帝进贡的远夷使者身份进入北京。

即便遭遇邪恶无知如马堂者，即便身陷囹圄饥寒交迫，即便詈骂加身有口莫辩，利玛窦还是保持了"西儒"固有风度，书中没有谩骂，没有抱怨，没有对中国政治法律制度的抨击，"他们很有信心的把最后的希望寄托在神的援助上，把他们的思想转向上帝，并且坚定、愉快的准备在他们所从事的事业中面对任何困难，甚至于死亡。[5]"终于等得云开见月明，北京的召唤如同春雷滚滚，"经历了这么多的磨难与痛苦，现在神父们高兴之极，呼吸都感到轻松多了。他们感谢上帝，忘记了过去数不胜数的烦恼，重新鼓起勇气上路。[6]"历史揭开了新的一页。

1 《利玛窦中国札记》，第 277 页。
2 《利玛窦中国札记》，第 279 页。
3 《利玛窦中国札记》，第 280 页。
4 《利玛窦中国札记》，第 283 页。
5 《利玛窦中国札记》，第 285 页。
6 《利玛窦中国札记》，第 288 页。

（四）南昌的诉讼

1607 年，利玛窦的主要活动范围已经集中在京师，甚至获准在北京的城墙上行走观光，这也是统治者对外来人的一种荣誉。1606-1607 年，南昌传教如火如荼，新信徒增加到两百多，他们在宗教信仰方面都表现出特殊的虔诚，基督教的名声传遍整个省城。1607 年 8 月初，苏如望神父与世长辞，时年 41 岁，为耶稣会极有价值地服务了 23 年。其在葡萄牙的高因盘利度过望道期，还没有期满就申请参加印度传教团，后来奉命从那里前往中国布道，被安置在南昌的驻地达 10 余年，他尽职尽责以全部精力来传布基督教。他是个模范教士，被公认为是个非常圣洁的人。

苏如望神父辞世后，因为传教士原有住房子太小，不敷所需，且位于洪泛区。经李玛诺神父的努力，于当年 8 月花了一千金币的价钱又购买了另一所较大的房屋。乔迁之时，诉讼顿起：南昌的部分文人学士对基督教的日益流行感到不满，因此他们写了一份控告神父的状子，呈给管事的兵备道，即主管全城事务的市长。兵备道答复说："如果你们所控诉的这个基督教，在你们看来没有好处，那就不要信它。我还没有听说过有人被迫入教的。如果他们买的房子碰巧很大，那也不用你们花钱，他们也决不会干预你们的财产。[1]"这个回答只能引起他们的愤怒，于是他们去见省城的长官。恰巧此人姓卢（Lu，德礼贤认为是卢廷选——中译者注），是利玛窦神父的一位朋友，几年前在北京相识的。卢廷选收下诉状置之不理，呈递状子的讼师无法得到明确的答复，两次碰壁经历使得起诉人失去了耐性[2]。

在月初，官员们和文人们都参加的孔庙公众聚会上，有士人就传教士问题因利乘便发言，向在场的最高官员布政司发难。他

1　《利玛窦中国札记》，第 569 页。
2　《利玛窦中国札记》，第 569 页。

就向他们的地方官叫作提学（Ticho）的谈到教士们，而提学也是这个发言人所属的学校的校长；于是他就命原告呈交一份书面诉状，并保证说他要以他全部的权威来支持它，努力把外国教士赶走。状子当天就写好了，有27个人签了名。诉状内容大致如下。

利玛窦、苏如望、李玛诺以及其他西国教士，对皇上犯有谋逆不道之罪，他们在5个不同省份内散布在我们人民中间。他们不断彼此交接，到处在河上肆行剽掠，聚敛钱财，然后散发给百姓以讨好群众。他们经常受到官员、显贵和军官们的访问，和这些人秘密盟誓，结成死党。

这些人教导我们不要礼拜祖先遗像，这一学说意在绝灭后世子孙对祖先的敬爱。他们有的人捣毁偶像，使庙宇空虚，神灵遭劫而无主。一开始他们只住在小屋里，但今天他们已经购置华堂广室。他们教导邪恶的学说。它引诱愚民入其狡诈的罗网，这类人成群结伙在他们的屋里聚会。他们的教旨远越城墙之外，散播到附近的城镇和乡村并传入旷野；而百姓们受其虚伪所蒙骗，以致学生不务学业，工人不做工作，农夫不耕田亩，甚至妇女无心家计。全城均蒙骚扰；最初信其教者不过百人左右，现今为数已超两万。这些教士散发某个鞭挞人或撒拉逊人的图像，称之为上帝，说他从天上下凡来拯救并教导全人类，而且按照他们的教义，只有他才能赐给人财富和幸福；这种教义使愚民极易受到欺骗。这些人是大地之上的祸害；现有正当的理由担心，一旦他们建立起自己的庙宇，他们就要发动叛乱，一如有消息说他们近年在福建和南京省之所做所为。因此，申诉人为了有意维护公益，保卫国家，保存古法完整，谨上呈这份诉状，并以全省名义请求将抄件上奏皇帝，请求把这些外国人处以死刑，或者驱逐出境流放到海上的荒岛。[1]

诉状有理有据，振振有词并附以证据和见证，文笔具有说服力。收到状子的部分官吏声称，应该禁止传布基督教，把教士从城里驱逐出去。

李玛诺神父自行辩护，写了一份要求公道的申请书，申请书一开始就直接请求官吏们认真调查他们所被指控的罪行，如果发现他们有罪，就彻底依法惩治他们。有关官员收下了这份答辩状并发出如下的问话："为什么你们惹起学士们的仇恨之后还不离开这个城市？你们传播的是什么教义？你们犯的这种罪是什么？为什么你们禁止百姓敬奉祖先？你们拜的是什么邪神？你们买这些房子的钱是哪里来的？[2]"针对问题，李玛诺神父简述了基督教教义，然后指出，按照神圣的律法，继上帝而后首先要敬拜的就是父母。

诉讼期间，几名起诉人满有把握他们已经得胜，就到新信徒的家里去搜寻救世主的画像，把两三幅画像撕碎了。李玛诺神父这时就劝告新基督徒们把画像藏起来不让暴徒发现，而且暂时不要把像挂在他们的卧室内。他告诉信徒，这样做并没有背弃信仰，只不过是防止进一步的亵渎神明。他还告诉信徒，如果愿意他们可以公开带念珠，但并没有义务要这样做。

案件的审理不是一蹴而就的，和神父们尚属友好的市长，发现诉状中有一些明显的诬陷和夸大其辞，也知道李玛诺其人是利玛窦的同伴，利玛窦在朝廷极受尊敬，因为他曾进献礼物给皇帝而从皇库中领取津贴；知道神父们在南京住了12年，而且从来

1　《利玛窦中国札记》，第569–570页。
2　《利玛窦中国札记》，第571页。

没有人真正指责他们犯过法。主审官在利玛窦神父首次到达南昌时负责该城的事务，正是他在总督的批准下首先允许神父们在那里开堂。之后，经过一系列的提升，他又回南昌出任省城的最高职位。他极慎重地处理神父们所遭受的公开指责，小心翼翼地在审案中不偏袒任何一方，着手弄清事实真相。原被告都充分发表了自己的意见，主审官告诉起诉人不要再找神父的麻烦，因为明显的是，生员们的整个告发都是假的，是为了勒索钱财而编造的，并说要允许李玛诺神父购买房屋，因为从前他当市长时曾同意利玛窦神父可以随意购买房屋。

开庭结束，有一个皇亲在等着李玛诺神父，仅仅为的是在他出来时羞辱他；皇亲阶层在挥霍完他们的钱财之后甚至于变得更加横蛮。后来此人又到教堂去掠夺教堂的家具，但是市长最近的判决制止了他，所以他只得恐吓了几声就算满足了。

法庭的判决上，盖有主审官和文士领袖即校长的印，被张贴在城门上，作为公告。下面是他们宣判的大要：在审查了李玛诺神父和他伙伴的案情后，发现这些人因慕中华帝国的声名从西方来此，他们已在国内居住有年，并未表现任何恶意。应该允许李玛诺神父奉行他自己的宗教，但百姓们出于好奇而信奉上帝，则不得视为正当。对他们说，相信外国人的宗教确实会是极不适宜的。引用诗人的权威来判断，则这种外国教义就象是某种从最高树顶上面所射下来的光明，照入深谷之中的黑暗。因此如果不以布告劝诫，人们不要因接受外国人的礼拜而放弃他们古老宗教的祭礼，那看来似乎是违反本国的最大利益的。这类活动确实可能导致聚众危害公益，也对外国人自身不利。因此本地长官奉上官之命，告诫该神父李玛诺不得蛊惑百姓，诱使他们接受外国宗教。把那所大房子卖给神父的人应退还他的钱，李玛诺应购买一所足敷所需的小房子，并且要象他迄今那样安分地住在那里。李玛诺本人同意这些条件，当地军事长官奉命把那里的房屋搜索一番，没收了他们所说的上帝的画像，凡抄得到的都拿走。禁止当地百姓任何人信奉外国人的宗教，也不允许聚众祈祷。违反这些规定的人要严加惩处，如军事长官执行不力，将被控以同样的罪行。校长在告示上就他那部分补充说，禁止百姓接受外国人的教义，在神父住宅的门上要张贴告示，通知公众说禁止这些人与百姓经常接触。[1]

传教士普遍认为，一旦诉讼甚或骚乱平息下来，会更有助于基督教的传播，胜过无穷尽的持续不断的和平时期。教会的敌人力图把神父们从南昌赶走，结果却是他们在那里立身比过去更加牢固。当利玛窦神父第一次到达这座城镇时，还无法得到长官允许购买房屋的批示。

第二节 利玛窦对中国法律的评价

在华亲身经历诉讼为利玛窦在中国的传教工作更具策略性，在这个过程中，伴随着利玛窦在中国的生活和工作经历，中西方文化间的差异性现实使得利玛窦的中国法律文化认识更加贴近实际现实，不仅使得利玛窦的观察切面显得深刻，更使得其法律比较评析有了坚实的实践观察依据和判断优势。

利玛窦学贯中西，其传授西方科学知识、地理知识、人文风俗和政治法律制度，是广布基督教义的工作的一部分，因为"宗教体现了各文化的本质特点，在宗教思想的交流中，文化的其他侧面也就展开了[2]"。宗教与人的世界紧密相连，是文化间交流的

---

1 《利玛窦中国札记》，第 574 页。
2 张西平：《论民初中国基督教改革运动的思想史价值》，《世界宗教研究》1998年第 2 期。

重要桥梁。宗教和法律是两种有着密切联系的社会现象,宗教对法律发展的影响是客观存在的。宗教宣誓和宗教仪式渗透于古代条约、战争事务,对强化古代法律效力发挥了重要作用,犹太教法、伊斯兰法等本身就是宗教色彩异常强烈的法律。

人类文明进步的每一个脚步,皆以法律的形式加以肯定。"中世纪是从粗野的原始状态发展而来的。它把古代文明、古代哲学、政治和法律一扫而光,以便一切都从头做起。它从没落了的古代世界承受下来的唯一事物就是基督教和一些残破不全而且失掉文明的城市。政治和法律都掌握在僧侣手中,也和其他一切科学一样,成了神学的分支,一切按照神学中通行的原则来处理。[1]"整个中世纪欧洲是基督教神学的世纪,教会法成为法律关系的准则,众多优秀法学家身兼神学教职,如维多利亚、苏亚利兹、勃朗、真提利、阿亚拉等。16、17世纪数以千计的耶稣会士,青少年时期得以进入各地神学院并加入耶稣会,名师指教研究神学,广泛地涉猎自然、社会科学各个领域,从而被修会培养成既是学者又是传教士的精英人物。法学中世纪之际依附于神学,是神学院的必修课程,因此,利玛窦受过教会法良好的熏陶和教育是确定无疑的。

一、利玛窦中国法律优势地位的解读

作为传教的先行者,利玛窦并没有树立西方的法律优势,他对中国法律的观察及叙述恰与西方优势相对冲。利玛窦认为宗教对法律的影响是客观存在的:从时间上看,由古代宗教与法律规范密切联系、彼此不分到后来通过作用于社会关系、乃至国际关系而对法律发挥间接影响;就内容而言,法律的一些原则、规则,如"条约信守"原则、人道法规则等,曾在不同程度上受到宗教

---

[1] 《马克思恩格斯选集》第7卷,人民出版社1995版,第400页。

的启示。此外从效果来分析，宗教一方面对法律的发展发挥着积极作用，另一方面又对法律提出了诸多现实的挑战。就总体而言，利玛窦在札记中对中国法律制度和政治制度的评价是正面的、赞扬性的。"远看成岭侧成峰，远近高低各不同。" "阿其道甚正其守甚严，其学甚博，其识甚精[1]"的"西儒"利玛窦在社会学领域将欧洲宗教哲学、法理学与中国的礼教和法律文化进行了观察。

洞明世事人情练达的利玛窦在社会生活领域将欧洲宗教哲学、法理学与中国的礼教和法律文化进行了观察，并以旁观者的姿态，以赞许的笔触叙述了中国法律的诸多形态。

首先，利玛窦高屋建瓴，敏锐地发现了儒家学说在中国政治、法律生活中的超然地位。他注意到中国自居天朝，法律体系因应农业生产方式而自成一体，大体上自然生成自然发展。他敏锐的发现了儒家学说在中国政治、法律生活中的超然地位，儒家思想蕴涵的诸如和平、互惠、和而不同等伦理道德对中华法系的完善发挥着积极价值，儒家有关世界秩序的构想就值得特别关注。于利玛窦而言，主张"性善论"的儒家思想是中国人"集道德教诫之大成"的基本学说，迥别于基督教的"原罪论"："被称为中国圣贤之师的孔子，把更古的哲学家的著作汇编成四部书，他自己又撰写了五部。他给这五部书题名为'经'，内容包括过正当生活的伦理原则、指导政治行为的教诫、习俗、古人的榜样、他们的礼仪和祭祀以及他们诗歌的样品和其他这类的题材。在这五部书之外，还有一部汇编了这位大哲学家和他的弟子们的教诫，但并没有特殊的编排。它主要是着眼于个人、家庭及整个国家的道德行为，而在人类理性的光芒下对正当的道德活动加以指导。这部书是从前面提到的那部书摘录下来的撮要，被称为《四书》。孔子的这九部书为国家未来的美好和发展而集道德教诫之大成；别的书都是由其中发展出来的。在这个国家有一条从古代帝王传

1　王重民辑校：《徐光启集》，北京中华书局 1986 年 38 页。

下来并为多少世纪的习俗所肯定的法律，规定凡希望成为或被认为是学者的人，都必须从这几部书里导引出自己的基本学说。[1]"

利玛窦以赞许的笔触，叙述了中国政治法律文化的诸种形态。

（一）"从远古以来，君主政体就是中国人民所赞许的唯一政体。贵族政体、民主政体、富豪政体或任何其他的这类形式，他们甚至连名字都没有听说过。[2]""只有毫无历史知识的人才知道，君主们任何时候都不得不服从经济条件，并且从来不能像经济条件发号施令。无论是政治的立法或市民的立法，都只是表明和记载经济关系的要求而已。[3]"自给自足的自然经济孕育的君主政体，代表了封闭性的宗法农业文明，缺乏西方在古希腊、罗马时代就已奠定下来，而后在中世纪后期爆发出来摧毁封闭社会结构的那种工商力量和以个人自由为核心的文化精神。究其根本，中国传统政治是以君主为权原的，政治权力的根据，来自君主而非人民，君主才是真正的政治主体。肇始于古希腊，西方个人本位法律传统源远流长，即便到了通过迷信的方式传播科学的思想的中世纪，被广泛诟病的"黑暗"并没有掩盖法、公平、个人权利等价值，因为自律之理性在社会而不在政权，唯有在精神、价值观层面统一于宗教。利玛窦发现，在中国强调的是群体本位的宗法家族主义传统。

（二）为了给传教提供合理性根据，利玛窦解僧袍着儒装，极力揭示儒家思想与天主教之间的相通性，确立了合儒易佛的传教路线，从而对儒家伦理纲常给予充分的认同，认为浸润着儒家精神礼法结合、刑教相补、德主刑辅的"中国礼法"使中国的文明程度高于欧洲："在古代，中国给自己取的名称是'文华之国'。中国书里经常讲论的五常之一，即是'礼'；所谓五常，就是五

1　《利玛窦中国札记》，第 21 页。

2　《利玛窦中国札记》，第 44 页。

3　马克思：《资本论（第 1 卷）》，北京人民出版社 1972 年 830 页。

个道德。礼在于彼此敬重，做事有规有矩。中国的礼法历代相传，有增无减，结果弄得人整天在外奔走，没有时间做别的事……因为大家太注重外表的繁文缛节，反而忽略了内心……因此，野蛮的民族固然不必说了，就连我们欧洲人，好似礼貌已得周到了，但与中国人相比，无异是不讲礼貌的纯朴人[1]"。在利玛窦眼中，以礼入法，礼法结合是将道德、伦理及三纲五常用法律的形式加以肯定，使封建法律具有温情脉脉的表象。利玛窦甚至试图用西方自然法的观念来解释儒家思想："古代的中国人无论做什么，都尽力随从理性之指导，他们说理性是上天赋予的。……因此可以希望无限慈悲的上帝，使许多按自然法生活的古人得到了救赎[2]"。

其次，就法律渊源，利玛窦将中国的法律和欧洲《十二铜表法》、《凯撒法典》作了简单的比较，他注意到中国法律传统有别于西方，家族和阶级是中国法律的基本精神和主要特征。一个民族的法就是该民族以往历史和精神的产物，具有特定历史文化的鲜明特征。拉丁词汇中能够做"法"的词最有意义的是 Jus，其基本含义有二：法；权利。此外，Jus 具有抽象的性质，集权利、正义、法于一体。而中国"刑"、"律"也称之为"法"，训诂众多，但始终没有超越程序上的意义，更不具有权利、正义之意，三者的核心是刑。同是"法"，但蕴涵的意义却相差如此之远，诗无达诂恰恰反映了历史文化之差异。封建法律作为封建专制统治的必备手段，是帝王的驭民工具，王权关于一切，法律依附于王权。"在中国，没有像我们的《十二铜表法》和《凯撒法典》那类可以永远治理国家的古代法典。凡是成功取得王位的，不管他的家世如何，都按他自己的思想方法制定新的法律。继位的人必须执行他作为王朝创业人所颁布的法律，这些法律不得无故加以修改。

1　《利玛窦中国札记》，第 45 页。
2　《利玛窦中国札记》，第 46 页。

今天治理中国人的法律都不早于洪武，所有这些法律或是由他亲自制定的，或是从他的前人那里接受过来的。他的计划明显的是制定一部全面性的法典，以保证国家的安全以及他和他的子孙后代绵延久远。[1]"16 世纪之前，西方最为重要的神学学说，便是托马斯·阿奎那（Thomas Aquinas）的理论。阿奎那将法分为四类，即永恒法、自然法、神法和人定法。其中，人定法便指世俗的国家法律。在阿奎那的理论体系中，永恒法无疑是等级最高的"法律"；人定法不得违反自然法和上帝法。可以想见，自身履历、传教"任务"、思想渊源诸因素综合交错不免使利玛窦对中国的某些政治法律制度产生异样的想法。

第三，利玛窦注意到中国与西方在政府机构和国家组织方面的差别。中国传统社会农业自然经济发达，宗法制度绵延千年不绝，与之相适应的是宗法性传统宗教的延续不断。农业自然崇拜盛行、祖先圣贤崇拜发达、政教结合紧密的宗法性传统是宗教适应社会的具体表现。与西方不同，大量深谙哲学的官吏在中国行使着国家权力，行政兼理司法。"中国所熟习的唯一较高深的哲理科学就是道德哲学……他们没有逻辑规则的概念，因而处理伦理学的某些教诫时毫不考虑这一课题各个分支相互的内在联系。""标志着与西方一大差别而值得注意的另一重大事实是，他们全部都是由知识阶层，即一般叫做哲学家的人来治理的。[2]" "擅长于伦理学的人，其智慧受到极高的尊敬，他们似乎能对任何问题做出正当的判断，尽管这些问题离他们自己的专长很远。[3]"

具有西方主体身份的利玛窦考察中国的司法审判制度，十分赞扬中国法律文化意识。中央政府的内阁中"第六个部门是司法

1　《利玛窦中国札记》，第 33 页。

2　《利玛窦中国札记》，第 42 页。

3　《利玛窦中国札记》，第 31 页。

部，叫做刑部，主管侦查和惩办刑事案件。全国的警察都在它的管辖之下。[1]"明代审判实行"逐级审转制"，即从州县至府到按察司而督抚，最后达于中央刑部，逐级向上呈报。与此同时"属于北京和南京立法机构的特殊城市，也像这些省份的其他城市一样，是以同样的方式进行治理的，但它们的诉讼要向管辖它们的那个特定立法机构提出。其他十三省的司法权属于各省的两个部门，一个叫布政使，一个叫按察司，前者是一般法庭，后者是刑事法庭。这两个法庭都设在各省省会，程序都有点复杂。[2]"而西方自古罗马以来就设立了法科学校，讲授明断人事的根本。经过6年学习以后，通过严格考试，特别优秀的学习者，可以委以世俗重任从事法律工作，授予一定的职务。

利玛窦注意到，在中国封建社会中，讼师不被官府承认，在夹缝中生存。肇庆首诉原告方当事人中出现了一个讼师的角色，传统中国社会崇尚儒家"礼优于法"、"讼终凶"的法律主张，国家对"民间细事"主要采取调解的办法解决，对讼师的介入严加禁止。因此这个讼师的出场，为考察封建社会讼师的社会活动提供了一个外国人的视角。与自给自足的自然经济占据主导地位耦合，诉讼制度上与封建统治相适应的纠问式诉讼形式居于主导，只判不审或只审无辩，审理中广泛采用刑讯逼供，强迫被告人作出有罪的供述，并不准抗辩，诉讼当事人完全是被审讯、拷问的对象，毫无诉讼权利可言。欧洲中世纪在一定程度上保留了辩论式的诉讼方式，诉讼当事人除自行辩护以外，尚可以委托僧侣作为律师出庭进行委托辩护或代理，对于防止审判的偏颇，约束问刑官的独断专横，增加裁判的公正性，保护当事人的合法权益，具有积极的意义。

在利玛窦看来，明王朝"有法可依，有法必依"："洪武皇

1　《利玛窦中国札记》，第37页。
2　《利玛窦中国札记》，第37页。

帝，显然不仅以他的武功而且还以他巧妙的外交天才著称，他用以稳定国家的许多法律和法令就是充分的证明。[1]”同时“执法必严，违法必究”：“所有省份、地区和城市的高级官员，即布政使、按察司、知府、知州和知县等等，每三年都必须在北京聚会以表明效忠皇上。审查对任何人都一视同仁，即使皇上也不敢更改公开调查的审查官们所做的决定。1607 年的普查对 4 千多名官员作出了判决，被判处的人分为五类。第一类是在任职期间贪污受贿而受惩罚的人，第二类是对罪犯用刑过苛的人，第三类包括年老生病的以及玩忽职守的人，第四类包括定案时过于草率、考虑不周的人以及奉公施政有欠理智和审慎的人，最后一类则是在规范个人生活或家务上行为不检点的人，以及一般说来所过的生活与他们职位的尊严不相称的人。[2]”

此外，明王朝非常强调“程序公正”，注意官员的回避问题：“通常的规矩是法官不得在他所出生的省份里主持法庭，除非他是武官。这是为了防止偏袒亲友而采取的预防措施，至于武官的情形则是为了培养他更深厚的爱国心。当法官主持法庭时，他的子女和家属都不得离家，免得通过他们受贿。但是公众场合仆人通常对官员所表示的礼节，总是得到遵守的。当法官本人离家出庭时，他家的公私出口都要盖印加封，破封者将受惩罚，这是为了防止他的仆人不得他的允许私自出门。[3]”

第四，不同于欧洲教会法，封建社会中国法律“刑主民辅”，利玛窦对中国刑法尤为关注，他也注意到司法官员刑讯逼供草菅人命、上下其手玩弄法律的现象，特别是对刑罚执行方式中打板子的方法进行了比较详尽地描述。传统审判制度中，以证人口供为证据之王，没有口供即使有其他证据也不能结案。为达到获取

1 《利玛窦中国札记》，第 37 页。
2 《利玛窦中国札记》，第 41 页。
3 《利玛窦中国札记》，第 37 页。

口供之目的，明律规定可以实行刑讯，尽管增加许多限制措施，但刑讯逼供仍是基本形态。法定的刑具有许多名目，法定之外的刑具更是无所不用其极。利玛窦记录的这段打屁股的行刑，比任何明朝末期中国官方所作出的记录与描述都更加准确与形象："这个国家的刑法似乎并不太严厉，但被大臣们非法处死的似乎和合法处决的人数是同样地多。所以发生这种情况是由于这个国家有一项固定而古老的习惯，允许大臣不经过法律手续和审判，就可以随意鞭打任何人。这种刑罚是当众执行的。受刑的人脸朝下爬在地上，用一根大约厚一英寸、宽四英寸、长一码中间劈开来的坚韧的竹板打裸着的大腿和屁股。行刑人双手抡起板子猛打。通常是责打十板，最多以三十板为限，但是一般第一板下去就皮开肉绽，再打下去就血肉横飞，结果常常是把犯人打死。"[1] 利玛窦在书中只考察了"打板子"之一端，所谓的"打板子"，即明代法定刑罚执行方式和作为刑讯逼供手段之一的"笞刑"。利玛窦记录的这段打屁股的行刑，比任何明朝末期中国官方所作出的记录与描述都更加准确与形象。通过利玛窦栩栩如生的描述，这种以打屁股的方式作为惩戒和治理的手段，一度成为西方人眼中中国刑罚的主要形式。

第五，利玛窦通过对当时中国贵族生活的考察，记述了皇室贵族特权阶层的超然法律地位。发端于魏晋南北朝时期的八议、请、减、赎、官当等制度，就明确了王公贵族、皇亲国戚甚至一般官僚都可凭借祖上或自身为封建国家立下的功劳，或者与皇帝的特殊关系，又或是凭借自身特殊身份，而享有减免刑罚的法外开恩的机会和特权。利玛窦在华期间时值晚明，据洪武开国已达二百余年，皇室贵族已经发展成一个庞大的群体，属于社会特权阶层："号称皇家血统的人都由公费供奉。目前据估计这类人约在六万以上，而且由于他们在不断增长，所以不难想象他们构成

---

1 《利玛窦中国札记》，第93页。

多么大的公众负担。由于他们不担任一切公职和行政，他们变成了一个无所事事的阶级，耽于逸乐的生活而且蛮横。皇上防范这些人就像对待私仇一样，因为他十分明白他们有他们自己的一套耳目。他们这些人都必须住在指定的城市里，没有皇上的批准不得擅离，否则严行惩治，而且他们从没有一个人被允许住在北京和南京的皇都。[1]"　"洪武皇帝恩赐给他的追随者的很多豁免权当中，对于长子赋予了某种特权，这是我国人民没有听说过的。例如，在洪武领导下这个家庭的家长在取得政权的过程中立下的光辉功绩被刻在像碟子一样的铁券上。这种铁券可以呈交皇帝三次，请求赦罪，即使犯的是死罪也不例外。每次呈交皇帝时，皇帝就在上面做一个秘密的记号，向他表明铁券已经用过几次了。这种荣誉和俸禄是赐给诸王的亲属或亲属的亲属以及某些对国家或对该封国有卓异贡献的人。[2]"

最后，利玛窦对中国法律制度中的负面问题尤其是肉刑进行了观察与记录。明律承袭唐律但"重其重罪，轻其轻罪"，突出了刑法的打击对象，加大了刑法的力度，尤其是像"谋反"、"谋大逆"等直接危害封建政权的统治的"罪大恶极"的犯罪对其实行重罪加重的处罚原则。利玛窦记录了中国刑罚制度里作为死刑执行方式的凌迟、枭首、戮尸等重刑的渊源发展，并对缘坐、刺字等刑罚的加重刑给予关注，在他眼中，明王朝复活肉刑，法律苛重，采取刑罚的威吓与报复，听任厂卫干预司法审判，俨然比中世纪的法律还要严酷。明代沿用唐律五刑之制，但徒刑、流刑均加附杖责。

在华涉诉，利玛窦无疑是幸运的，因为知府王泮等中国官员尚属开明，与利玛窦私谊颇深，对传教多有提携照应。在案件审

1　《利玛窦中国札记》，第42页。
2　《利玛窦中国札记》，第41页。

理过程中，"为了免使神父当场受窘，他宣布神父无罪。[1]"

　　为了表明自己观察的权威性，利玛窦在札记第一卷特别说明："我们在中国已经生活了差不多三十年，并且游历过它的最重要的一些省份，而且我们和这个国家的贵族、高官以及最杰出的学者们友好交往。我们会说这个国家本土的语言，亲身从事研究过他们的风俗和法律，并且最后而又最为重要的是，我们还专心日以继夜的攻读过他们的文献。这些优点当然是那些从未进入这个陌生世界的人们所缺乏的。因而这些人写中国，并不是作为目击者，而是只凭道听途说并有赖于别人的可信性。[2]"不管其动机如何，在宏观上，利玛窦先行树立了优势地位的中国想象，并且通过中国优势来暗喻西方的弱势想象。当然，利玛窦的中国想象依赖于具体社会实践的背景而铺陈，并和这一实践交织在一起。

第三节　艾如略对中国法律的认知

　　耶稣会士艾儒略是处于先驱者罗明坚、利玛窦时代与著名的汤若望、南怀仁时代之间的第二代耶稣会最为杰出的传教士之一。他在前人所开创的比较有利的环境中开始其传教活动，也是这一时期"学术传教"路线的主要继承人和实践者之一。他采用许多行之有效的方法，毕生致力于天主教在华尤其在闽的传播，使其传教事业达到了顶峰，为自己赢得了"福建宗徒"的美称。艾儒略学识渊博，与中国士人广泛交游，著述颇丰而被目为"西来孔子"，这在中国外来宗教传布史上是绝无仅有的，连利玛窦也无此殊荣。

1　《利玛窦中国札记》，第 47 页。

2　《利玛窦中国札记》，第 3 页

1623年(明天启三年),艾儒略在杭州刊印了两本书《西学凡》、《职方外纪》。前书比较全面系统的介绍了欧洲的学校教育体制,是明清之际西方来华耶稣会士所撰写的论述西方教育包括法学教育的主要著作,后书以叙述世界地理为主,但也涉及西方教育包括法学教育的概况以及欧洲若干著名大学的情况,并涉及对中西法律制度的比较。

(一)《职方外纪》"法"与"法律"的语词解析 [1]

查诸全书,《职方外纪》"法"字的使用一共达到16处,其中做"方法"解释的有7处,如"不然一生罪过,无法可去,地狱无法可脱也","初年学落日加(逻辑学——笔者注),译言辩是非之法";做"规律"解释的有三处,如"二者或脱物而空论之,则数者立算法家。……度者在天迭运为时,立历法家。"做"法律"解释的总共有6处,如"又将国典分门定类为七大部,法纪极备。""国王亦不传子,听大臣择立贤君,其王世守国法,不得变动分毫。""西土常言,其地缺三字,王、法、文也。""盖由地本富饶,人家星列,又无君长官府以理法断其曲直,故小小争竞,便相攻杀也。"

《职方外纪》中,艾儒略介绍了西方法律制度的公正:"太西之俗,罪人有未服者,得上于他司更谳。国王费理薄视朝,怒一大臣,辄欲论死。其臣不服曰:'当上他司更谳耳。'王愈怒曰:'更谁居我上者,得谳耳。'答曰:'今王怒,更与上王则不怒,更谳则是矣。'后王怒解,果明其无罪释之。"在艾儒略的笔下,"欧逻巴诸国"彷佛是一个天堂和乐园,其"法权高于王权"的思想,明显是针对中国来讲的,艾儒略明显的建构西方法律优势。这种法律健全不仅表现在对帝王权力的限制,也表现在对民众不良习惯的限制上,如他介绍在西洋有专门禁酒的法律:"太西诸

---

1 [意]艾儒略著,谢方校释:《职方外纪(校释)》,北京中华书局1996年版。

国之俗，好酒者不得与闻国事。防不密也。生平尝一醉者，讼狱之人，终不因为佐证，以为不足信。故也或晋人以醉，则为至辱，若挞诸市焉。"

书中还对中西法律进行比较："欧逻巴诸国赋税不过十分之一。民皆自输，无征比催科之法。词讼极简。小事里中有德者自与和解；大事乃闻官府。官府听断不以己意裁决，所凭法律（注：下划线为笔者所加）条例，皆从前格物穷理之王所立，至详至当。"

作为西方人的艾儒略，即便其被成为"西来孔子"，但在其书中使用汉文"法律"一词，仍然值得深究。

不同民族、不同历史时期，人们对法这一现象采用了不同的名称。法国汉学家谢和耐先生把中西语言文字问题上升到形而上学的高度，认为"语言的结构和辞法似乎把中国和西方的思想导向了不同的方向，作为形成一个独立的、具有广阔背景的文化和宗教传统发展之基础[1]"。古汉语中的"法"即"灋"，"灋，刑也，平之如水，从水；所以触不直者，从去。"古代的"法"不仅有刑戮、罚罪之意，有规范之意，也有"公平"、"明断曲直"之意。根据《说文解字》中的解释，"律，均布也"，说明"律"也有规范人们行为的作用。从《尔雅·释诂》中可知，秦汉时期，"法"与"律"同意，都有常规、均布、划一的意思。《唐律疏议》中指出："法亦律也，故谓之律"。清末以来，"法"与"法律"两个词语通用。在现代汉语中，除非在特定的语言环境下使用狭义的含义，"法律"一词一般都在广义上使用。作为中国近代发端时期的明朝，当然包括以前，"法律"两字连体成为一个双音节名词，却在文献中甚少使用，更多的情形是"法"、"律"或"律令"等词单行使用。考诸封建社会全部法典，只唐朝初年《永徽律》规定中国历史上最早的国际私法冲突规范："诸化外人同类自相犯者，各依本俗法；异类相犯者，以法律论。"其疏议称：

---

1 谢和耐：《中国与基督教：中西文化的首次撞击》，上海古籍出版社 2003 年 223 页。

"化外人，谓蕃夷之国别立君长者，各有风俗、制法不同，须问本国之制，依其俗法断之。异类相犯者，如高丽之与百济相犯之类，皆依国家法律（下划线为笔者所加）论定刑名。"即便清代《大清律例》，仿照明制采用律、例合编的体例，律文是正文，例文是"律"的附文和补充，订前者为万世之常法，定后者为一时之旨意，即所谓"律设大法，例顺人情"，但"法律"一词也还没有出现。

艾儒略传教的先驱利玛窦针对当时中国语言状况说过："在语言的所有变体中，有着一种叫做官话的语言，它是一种可以用于听证会和法庭上的法律语言；各省都容易学习，使用简单，甚至小孩和妇女都能熟练的与外省人交际。[1]"明末清初，官场流行有别于"文言"的"官话"，官话比较正式，但是属于口语，耶稣会士和中国官员进行交流一般使用"官话"。艾儒略来华后，和当时的名儒也是重要官吏的杨廷筠学习汉语，《职方外纪》是两人相互合作方得以完成的：原书署名"西海艾儒略增译，东海杨廷筠汇记"，李之藻为《职方外纪》作序名《刻职方外纪序》中提及，"余友杨仲坚氏与西土艾子增辑焉"。艾儒略《职方外纪》中《自序》说"杨公……订其芜拙，梓以行焉。"可以认为，"法律"一词在一定意义上属于"官话"经常使用的词汇，和现在汉语使用的情形类似，在《职方外纪》中，艾儒略对"法律"做了感性使用，即"语词的不经意的一般日常化的使用，也即在使用中，使用者通常并不具备特定的表达某种语词含义的意图，仅仅使用语词而已。在一般情况下，我们大体上是感性使用语词的。[2]"

1　《利玛窦中国札记》，第56页。
2　《利玛窦中国札记》，第56页。

（二）《西学凡》神学自然法观念简介 [1]

《西学凡》对西方文化做了整体性介绍，如其序言许胥臣所言："艾氏所述西方之学者，读其凡，其分有门，其修有渐，其诣有归。"艾儒略说西方的学问共分六科："经传书籍，小异大同，要之尽于六科。一为文科；一为理科；一为医科；一为法科；一为教科；一为道科"。法科是指学习君王治理国家，并且解决人间纠纷的法典；而法典，是"天命之声""国家之筋骨""道德之甲"。

艾儒略还提到，西方自古罗马以来就设立了法科学校，讲授明断人事的根本。经过 6 年学习以后，通过严格考试，特别优秀的学习者，可以委以世俗重任，授予一定的职务。中国古代法律刑主民辅，前文所述"法"、"律"或"律令"等词，往往指代刑法一类的法律，艾儒略描述的西方法律制度这一背景中，"法律"不仅是指刑法，而且是指包括民法在内的其他法律。

就艾儒略的思想渊源而言，16 世纪之前，西方最为重要的神学学说，便阿奎那（Thomas Aquinas）的理论。阿奎那将法分为四类，即永恒法、自然法、神法和人定法。其中，人定法便指今天的国家法律。在阿奎那的理论体系中，永恒法无疑是等级最高的"法律"（今天汉语用法）；人定法不得违反自然法和上帝法。在《西学凡》中，艾儒略首次介绍了阿奎那的神学理论，并且竭力推崇其在基督教哲学中的典范意义："多玛斯甚博著书，又取前圣之言，括为徒禄曰亚。略所言最明，最简，最确，而此后，学天学者悉皆禀仰不能赞一辞令。"

艾儒略当然知道阿奎那的四种法律分类以及等级学说，知道阿奎那对于人定法的特殊"要求"，而且知道世俗法或说人定法在神学视野中的大致内涵。即使是在《西学凡》中介绍"法科"

---

1 ［意］艾儒略著：《西学凡》，李之藻编，《天学初函》，台北学生书局影印 1965 年。

的时候，艾儒略也不曾忘记说到，包括"法科"在内的六科之中，"唯道科为最贵且要；盖诸科人学，而道学天学也"。显然，道科学问是指当时的西方神学。在艾儒略的思想中，法科所学习的毕竟是世俗法，其内容及宗旨均在道科所涉神学之下。可以想见，这样一个经历遭遇，以及传教"任务"，还有思想渊源，会使艾儒略对中国的某些政治法律制度产生异样的想法。

第四章
风乍起，吹皱一池春水
——明末清初国际法的昙花一现

第一节　国际法初入中国

16、17 世纪，近代国际法开始在欧洲形成和发展，而当时大一统的中国封建王朝仍然奉行"华夏中心主义"的"天下观"，自居世界的中心[1]。虽然早在唐朝初年《永徽律》就有了中国历史上最早的国际法冲突规范："诸化外人同类自相犯者，各依本俗法；异类相犯者，以法律论。[2]"其疏议称："化外人，谓蕃夷之国别立君长者，各有风俗、制法不同，须问本国之制，依其俗法断之。异类相犯者，如高丽之与百济相犯之类，皆依国家法律论定刑名。[3]"但这种比较先进的国际法思想昙花一现，沿袭到宋代以后，绝对属地主义的法律思想得到了发展，唐律中的上述规定遂改易为"凡化外人犯罪者，并依律拟断[4]"。在一个闭关自守的国度，国际法犹如天方夜谭。

1　周振鹤：《利玛窦世界地图研究》，中国测绘 2005 年第 4 期。
2　（唐）长孙无忌：《唐律疏议》，刘俊文编，《中国基本古籍库》，合肥黄山书社 2002 年。
3　（唐）长孙无忌：《唐律疏议》，刘俊文编，《中国基本古籍库》，合肥黄山书社 2002 年。
4　（宋）窦仪：《宋刑统》，刘俊文编，《中国基本古籍库》，合肥黄山书社 2002 年。

明末清初，中西礼仪之争已经出现，中国传统对外秩序中的朝贡制度，及其对于来华外国人"化外人"制度已经受到西方基于主权观念之上的国际法秩序的冲击。这一时期，来华的西方商人之外主要是传教士，他们受到当时皇帝如万历，顺治和康熙的重视。在 17 世纪中后期，传教士最早尝试将西方的国际法著述译成中文，并推动国际法在中国对外交往中得以适用。这也是国际法输入中国的起点。在此意义上，更深刻的印证了一句经典："国际法史不应当同宗教史、思想史相分离。[1]"

一、传教士的国际法教育背景

宗教与人的世界紧密相连，是文化的一种表现形式。宗教和法律是两种有着密切联系的社会现象，宗教对国际法发展的影响是客观存在的。宗教宣誓和宗教仪式渗透在古代条约、战争事务中，对强化古代国际法的效力发挥着重要作用。古罗马法中的"万民法"一词最早被用于指代国际法，犹太教法、伊斯兰法等宗教法中蕴涵着国际法的内容，成为古代和中世纪国际法的重要渊源。11 至 12 世纪，欧洲国际法发展几乎停滞，由于 1300 年左右欧洲国家体系开始形成，国际法的萌芽又再度生长。教会法成为国际关系的准则，条约法、领土法、仲裁制度、战争法、海事法、使领馆制度等均有一定的进步。在 16 世纪后期涌现出了一批堪称为格老秀斯先驱者的国际法学者，这些人无一例外身兼神学教职，如维多利亚（Francisco de Vitoria）、苏亚利兹（Francisco Suarez）、勃朗（Conrad Branu）、真提利（Alberico Gentili）、阿亚拉（Balthazar Ayala）等。

1577 年法国政治思想家、法学家布丹（Jena Bodin）的名著《论共和国》第一次明确提出"主权"的概念，首先为国际法的产生

---

1 ［奥］阿·菲德罗斯著，李浩培译，《国际法》，北京商务印书馆 1981 年。

奠定了必要的基础。"国际法之父"格老秀斯认为国际法由渊源于神意的自然法和渊源于人类意志万民法构成，其《捕获法》《海洋自由论》及《战争与和平法》等著作深受宗教思想的影响，内容广泛涉及了当时国际法的所有领域，从而为国际法的诞生奠定了全面的理论基础。

16、17世纪数以千计的传教士，青少年时期都是进入各地神学院并加入耶稣会，在研究神学的同时，得到名师指教，广泛地涉猎自然、社会科学的各个领域，从而被修会培养成既是学者又是传教士的精英人物。国际法作为人类最古老的法律部门之一，中世纪之际依附于神学，因此，传教士都受过国际法良好的熏陶是确定无疑的。

二、卫匡国（Martino Martini，1614—1661）在华翻译国际法著作

国际法的观念不可能孤立传入中国，只有伴随着国人对中国以外的世界的认识，才可能奠定对于近代以来民族国家及其所构成的国际社会的初步认识，进而近代国际法观念才能在此基础之上建立[1]。明末清初，耶稣会传教士卫匡国试图将近代国际法引入中国。

卫匡国是颇具国际影响的汉学家、历史学家和地理学家，原名马尔蒂诺·马尔蒂尼，字济泰。1614年出生于意大利北部城市特伦托，少年时求学于故乡耶稣会书院，后进入罗马神学院并加入耶稣会。卫匡国于明崇祯十六年（1643年）来到中国，他积极学习汉语，阅读了不少古籍，对中国历史有一定研究，为了传播福音先后辗转于浙、沪、闽、粤、京等地，足迹遍及大半个中国。

1648年至1650年，卫匡国住在杭州、宁波两地，在华人教

1 丘宏达：《中国国际法问题论集》，台北商务印书馆1972年。

徒朱宗元帮助下，翻译苏亚利兹的国际法著作《法律及神作为立法者》[1]，但并未完成出版[2]。

卫匡国翻译活动开展之际，其正好担任杭州地区耶稣会会长（1648—1650年），并于1650年移居北京，同期被委任为中国耶稣会教团的代理人，赴罗马教廷为中国礼仪辩护，1651年初启程回欧洲，其个人专注的重心已经从向中国民众普及宗教教义转为向欧洲介绍中国，并在此间撰写了一批让其声名远播的介绍中国的拉丁文著作。由于事务繁巨，《法律及神作为立法者》翻译完毕未及出版。待他1657年第二次来华，途中历经海盗与风暴，同行18名传教士最后只有6人抵华，其间个人资料保存较少。翻译苏亚利兹的论著对卫匡国而言成为一个阶段性的事务，未能完成并出版自然是有其个人原因[3]。

三、维多利奥·利奇（Vitto Ricci，1621—1685）在华的国际法实践活动

维多利奥·利奇，意大利传教士，1646年离开欧洲并于1648年到达菲律宾，而后又来到中国厦门，1655年在那里定居下来。身为一介传教士，他往返于中国和远东地区，生活中充满了冒险精神，以其所掌握的国际法知识，为中国人、西班牙人和荷兰人进行外交斡旋[4]。在此期间，台湾发生了一件重大的历史事变。郑成功于1662年1月打败了荷兰人收复整座岛屿，荷兰同意撤离台湾。2月1日，荷兰总督科伊特（Krederick Coyett）代表荷兰政府签署了一项条约。根据该条约，双方同意交换战俘，

---

1 ［意］白佐良·马西尼著，萧晓玲、白玉崑译，《意大利与中国》，北京商务印书馆2002年。

2 曾涛：《近代中国与国际法的遭逢》，《中国政法大学学报》2008年第5期。

3 曾涛：《近代中国与国际法的遭逢》，《中国政法大学学报》2008年第5期。

4 ［意］白佐良·马西尼著，萧晓玲、白玉崑译，《意大利与中国》，北京商务印书馆2002年。

中方还允许荷兰军队在撤退时携带其所属物品。这也许是中国地方割据政权同西方国家在平等的基础上缔结的第一个条约[1]，郑成功对陌生的国际法做了策略性的运用。条约规定："双方应按照各自的国家惯例，签字、盖章和宣誓"。但吊诡的是，尽管在当时的欧洲，国际法之父、荷兰人格劳秀斯的著作已为人所熟知，但荷兰在签约过程中，并没有提及格劳秀斯及其著作。而后郑成功在以天下观为中心的对外秩序理念驱使下，"派利奇出使菲律宾奉劝西班牙人称臣纳贡。……利奇遭到拒绝，被迫离开了菲律宾。""但利奇继续卷入其他的外交斡旋中，对这类使命他似乎有特别的喜好。1663 年 4 月再度回到马尼拉，这一次是作为子承父业的郑经的使节，任务是恢复与菲律宾由前一次出使所中断的邦交。这次使命获得成功，利奇受到热情的招待。[2]"

四、清初中国与国际法的接触

（一）清政府第一次接触国际法，发生在 1662 年至 1690 年清朝与荷兰的交往中[3]。

荷兰人败退台湾后希望与中国达成交往协议，设法与清朝官员进行谈判。在商谈中，荷兰人坚持使节不受拘留的豁免权，提到了"万国公法"和"一切王君的习惯"，但这些当然是中国人所不了解的，也不可能为其接受。清朝官员对于欧洲大国间平等交往、信守一个共同法典，从而组成一个社会的概念没有什么印象，他们坚持自己的传统，极力维护天下观的使节秩序和朝贡制度。

1　[意]白佐良·马西尼著，萧晓玲、白玉崑译，《意大利与中国》，北京商务印书馆 2002 年。
2　杨泽伟：《国际法析论》，北京中国人民大学出版社 2007 年。
3　王铁崖：《中国与国际法—历史与当代》，《中国国际法年刊》，北京大学出版社 1991 年。

（二）《中俄尼布楚条约》对国际法的应用。

1689年9月8日（康熙28年7月20日）中国与俄国订立了《中俄尼布楚条约》：这是近代意义中国和西方国家最早订立的一项平等条约。作为国际法主要渊源的国际条约、国际习惯、一般法律原则以及作为国际法辅助渊源的司法判例、权威公法学家的学说和国际组织的决议，俄罗斯当时已经熟知并广泛运用于法律实践中。中国对于国际法尚属陌生，康熙当时为了对付西北叛乱，希望尽早结束与俄国的战争同时达成条约以约束俄国，平衡之下放弃了把俄国看做朝贡国的传统态度。缔约的艰苦谈判过程，两名传教士法国人张诚（Gerbillon, Jean Francois，1654—1707）和葡萄牙人徐日昇（Pereira, Thomas，1645—1708）于1688年获得康熙许可，参加了清朝代表团充任翻译和顾问。除却发挥传教士的翻译作用之外，康熙尤为看重的应当是他们所具有的西方国际关系和国际法方面的知识。两个传教士也尽职尽责，完成谈判缔约的任务，并就相关情况各自在日记中有所记载。日记中多次提到国际法一些基本要素和原则：如国家间的平等和互惠；在外交活动中使节的性质及其地位；正义和非正义战争的观念等等。

条约订立过程，西方国际法得到了某种程度的运用：首先，两国相互承认对方为主权国家，两国元首康熙大帝与彼得大帝处于平等地位。其次，划定两国边界，规定以额尔古纳河、大兴安岭为两国边界，以南属于中国，以北属于俄国。复次，关于两国侨民、商人的规定，如两国侨民可依旧在原地居住，两国商人如持有护照可以往来贸易。第四，司法协助，如对于少数越境逃亡，以及少数猎户越境捕猎或者进行盗窃活动的，应押送出境，交付本国依法处理；如有多数猎户越境捕猎或进行抢劫活动，应押送出境，交付本国处以极刑。第五，条约由中（满）、俄、拉丁3

种文字写成，中、俄两种文本具有同等效力 [1]。

就上述条文的规定而言，谈判按双方对等的方式进行，条约约文的草拟、约文的文本和条约的生效机制等实质问题，无论是形式或内容，都反映了近代国际法关于国家主权平等的原则。

但此次条约谈判并没有开启中国近代新式外交。中国是一个独立发展起来的封建帝国，文化有其完备体系和独立性，统治者凭借封闭与保守维系着自己的尊严，在历史的长河里基于文化的优越感而形成的天下观心理和思维定势，已积淀为国人的集体无意识，他们不能够正确地判断中国处在16、17世纪世界历史大变动里的位置。

《尼布楚条约》的签订是中国传统外交活动的一次特例，1789年英国马戛尔尼访华等重大中外交往事件也只是零散、间断性的。此后的150多年里，再也没有人提起过国际法。1839年，林则徐在广州禁烟时第一次正式接触国际法。1840年鸦片战争前的中国对外关系有"国"无"际"，此后则演变为有"际"而无"国"。

第二节　曲高和寡

如前所述，苏亚利兹的论著是西方近代国际法形成阶段的作品，它在中国的译介反映出，在较早的时候中国已经有机会了解西方国际法学的发展了。然而显而易见，卫匡国的学术活动并未对国际法在中国的传播产生重大影响，《尼布楚条约》的签订是中国传统外交活动运用国际法的一次特例。明末清初，国际法在华曲高和寡，究其原因，笔者试做如下之分析：

一、传统中国以天下观为中心的对外秩序理念根深蒂固，尽

1　王铁崖：《中外旧约章汇编（第一册）》，北京三联书店1957年。

管汉代的时候，中国人已经远航到印度东南海岸与斯里兰卡，唐朝更远至波斯湾，上溯巴格达，到明代郑和航海则达到了东非海岸，但以中国为天下的观念并没有因此而发生根本性的改变。直到晚明，因缘际会于耶酥会士利玛窦所绘的世界地图，世界意识才在一部分知识分子中觉醒，这些人才悄然明白中国不过是世界万国之一，天下万国林立。然而遗憾的是，利玛窦的世界地图只是让中国人走出了从天下观转变为世界观的第一步。在踏出这一步以后不久，就停滞不前了。清朝康熙皇帝对于西方科学十分重视，清朝也画了一些世界地图，但始终深宫秘锁。与世俗化的近代气氛完全脱离，生活在"圣化"环境中的利玛窦以及在他之后来到中国的耶稣会士，最终都没有成功的说服那些在天圆地方的宇宙观和中华中心论影响之下的中国文人。以至于鸦片战争前，中国人的世界地理知识依然贫乏的可笑。降至晚清，魏源作为著名的思想家，但在其代表作《海国图志》中反映的依然是天下观的认识。

二、春秋战国作为我国历史上一个大变革时期，诸侯国为数众多，交往频繁，通商、缔约、结盟、互助、战争等交往形式相当发达，相应大量存在着某种型态的国际法规则或习惯，"礼"（国际规则）、"信"（国际道德）、"敬"（国际礼仪）、"义"（国际公理）是当时的邦交制度，即当时的国际关系准则。此外，古代中国对国际法主体、国家的要素和承认、外交使节、结盟与互助、和平解决争端、战争法规等方面也有突出的贡献。但当时的所谓"国"与现代的国家不同，那只是中国统一前的诸侯国。自从秦始皇统一中国后，"普天之下，莫非王土；率土之滨，莫非王臣"就成为帝国统治的主要原则。在截至1912年中华民国成立的2000多年的历史长河中，国家版图虽然也有"合久必分"的时候，如三国、两晋、南北朝、五代十国等，但绝大多数时期是处于一个统一的封建王朝的统治之下。自封为"天朝"的中国

"视远夷为蛮夷，责万国以臣属"，鸦片战争前的中国对外关系可谓有"国"而无"际"。国际法在中国没有产生和成长的土壤，只能是舶来品。

三、宗教和法律共享4个要素：仪式、传统、权威和普遍性，都关注人类生存状况，都致力于世界秩序的建立。宗教和国际法在内容上经常表现出一致性，并且前者对后者具有历史影响，也是十分自然的。在17世纪中叶的中国，仅有一些零星的西方知识传入，西方的国际法观念在中国尚不具备扎根的基础。明清两代的耶稣会士，如利玛窦、汤若望等人，虽然他们的主要使命是传播基督教，虽然基督教创立的规则并不是都可以被称作真正意义上的国际法，但是这些教义无疑丰富了近代国际法观念。西学东渐，这些知识开阔了国人的视野，同时在耶稣会士的努力下汉学西传，向西方世界介绍了中国，使西方在近代逐渐对中国有了初步的了解。这些最初的互动与交流无疑为后来国际法在中国的传播做了坚实的铺垫。

四、《尼布楚条约》的缔结，康熙帝对国际法只是策略性地运用。中国是一个独立发展起来的封建帝国，文化有其完备体系和独立性，统治者凭借封闭与保守维系着自己的尊严，在历史的长河里基于文化的优越感而沉积下来的天下观心理和思维定势，已积淀为国人的集体无意识，他们不能够正确地判断中国处在16、17世纪世界历史大变动里的位置。

第三节　历史的接力

明末清初，国际法在华只是灵光一闪，倏忽即逝，再回首已是百年身。

鸦片战争前，尽管清王朝推行闭关锁国政策，对外交往并不频繁，但外国人来华贸易从未中断，虽然一度仅限于广州十三行。对外交往中，涉及刑事民事案件也时有发生。如1784年10月，英国船只修斯夫人号在广州黄埔停泊，因放礼炮误毙中国民船水手吴亚科、王运发二人，炮手由中国官厅审判处决。英人对此不满，从此拒绝将英籍被告交由清朝官府审判，而送回本国，照英国的法律审办。这是英国对中国做出事实上的治外法权要求，勾画了治外法权的轮廓[1]。

毋庸讳言，以传教士为媒介的国际法输入，实为无心插柳，使得国际法最初是在传教士宣教过程中顺带介绍而来的西学知识。就前述卫匡国的翻译来看，卫匡国本身并非法学专家，对于国际法的介绍也非常有限，从某种意义上，卫匡国之所以选中苏阿瑞兹的著作，主要看中该书浓厚的天主教哲学色彩。加之卫匡国该翻译成果并未能成书出版，所以该翻译事件未能产生广泛影响。而自卫匡国以降的二百多年，并无资料证明有其他传教士做过类似的翻译努力。

当大清帝国气数将尽，历史即将掀开新页之际，中国的知识分子和有识之士都不约而同的通过南方的窗口——澳门——张看西方世界，与澳门结下了不解之缘。

1839年（清道光十九年），被任命为钦差大臣的湖广总督林则徐因坚决执行禁烟运动，于3月间抵达广州，准备就绪后，在6月3日至25日，整整用了22天的时间，在虎门焚烧了2百多万斤鸦片。

为了防范英国鸦片贩子利用设在澳门的东印度分公司囤积匿藏鸦片，林则徐在同年7月会同两广总督邓廷桢移驻香山县，在9月3日清晨，列队从前山（今珠海市）出发，由中葡交界的关闸进入澳门，坐镇莲峰古庙，接见澳门夷官，查询禁烟情况并抽

1　《东印度公司对华贸易编年史》一、二卷，421–428页。

查洋楼民房，谕令澳葡政府禁烟，下令将不服从禁烟令的英商驱逐出澳门。英国政府于 1840 年 6 月间派遣战舰 40 余艘、官兵 4 千多人抵达澳门水域，悍然登陆并占领关闸。中英两国在澳门的关闸战役后，遂拉开了鸦片战争的序幕。

林则徐是近代中国认真思考并正视西洋世界的第一人。在林则徐澳门之行前，广州禁烟紧锣密鼓进行之际中英关系渐趋紧张。林则徐为知己知彼，令下属大量收集"夷邦"的情报，发现国际法的著作有可用之处。与此同时，他委托挚友，晚清经学家魏源组织翻译班底，利用濠江的特殊环境，以西方资讯为依托制定师夷制夷的救国策略。曾经为林则徐治疗疾病的美国传教士伯驾致书林则徐，认为"钦差大臣由于不了解各国的法律，不晓得他们的强大，无意识地采取了与友好国家的惯例相抵触的措施，已经程度不轻地得罪了英国"，建言"简捷的解决办法，就是只需了解各个外国的特性和形势。[1]"

林则徐收信后从善如流，请伯驾翻译瑞士著名国际法学家瓦泰尔的《国际法》中有关战争等有关规定，此后又命袁德辉翻译了同样部分，并增译了若干文字。这些译文加上介绍世界各国概况的资料后来收录在魏源《海国图志》一书中，被梁启超评价为："中国士大夫稍有世界地理知识，实自此始。"该书第八十三卷夷情备采部分中，其内容主要涉及走私、遵守所在国法律、战争法等问题。值得注意的是有关战争法的内容，如战争权利、甚至涉及了正义战争的理论。显而易见，这些翻译内容虽然是经过预先认真选择的，但更是林则徐临时抱佛脚的应急之作，与当时查禁鸦片和处理与英国的关系问题有直接联系。

此后鸦片战争爆发后不久，林则徐旋即被撤职查办，引入国际法的工作就此中断。但对西方国际法的零散翻译，还是使近代中国最早睁眼看世界的先进中国人接触到了西方国际法。

---

1 丘宏达：《中国国际法问题论集》，台北商务印书馆 1972 年。

翻译主持者的传教士背景使得近代早期的国际法译作充满了浓厚的自然法色彩。近代国际法理论与自然法渊源很深，自然法学派也构成了国际法理论中的一个重要流派，伯驾、丁韪良、傅兰雅这些最早的国际法译者，在其国际法翻译中，较之原著，均有意强化了国际法的自然法色彩[1]。

近代初期国际法的译作均采用中外合作，采用西述中译的翻译方式完成的，此种翻译方式值得研究。

比如，卫匡国的翻译是在朱宗元的协助下进行的。朱宗元，字维城，浙江鄞县（今宁波市）人，生于 1616 或 1617 年，卒于 1660 年。1838 年受洗礼成为天主教徒，洗名葛斯默 (Cosme)。1646 年成为贡生，1648 年中举人。著有《答客问》《拯世略说》《天主圣教豁疑论》等书籍，并多次参与校订传教士的书籍。他是华东较早的天主教徒，是西学东渐的先驱之一。由于现有文献对朱宗元的介绍还非常有限，所以我们无法得知其参与卫匡国的翻译活动的具体情况。

林则徐主持摘译瓦泰尔著作则是由中国译员袁德辉与传教士伯驾共同完成的。袁德辉，广东南海人，原籍四川巴县，其小名叫"小德"（Shaow-Tih），出生年代约为 1800 年。他曾经在槟榔屿天主教学校学习，并加入天主教，约在 1825 年到马六甲英华书院学习，在英华书院学习期间，他表现出对拉丁文的熟识，并较好地掌握了英文。1829 年底，由同在英华书院学习过的亨特的推荐并经行商伍浩官的介绍，通过外文测试，袁德辉被北京的理藩院任为通事。袁德辉自 1839 年开始担任林则徐的随员，是林则徐手下主要译员之一，曾翻译过林则徐致英国女王的信件。在伯驾完成了林则徐所要求的瓦泰尔著作相关内容翻译之后，又由袁德辉做了重译和增译。

第一次鸦片战争之后，中国始终紧闭的大门渐次打开，但并

1　杨泽伟：《国际法析论》，北京中国人民大学出版社 2007 年。

没有使中国与国际法越来越接近，一度却成为二者之间进行接触的障碍。南京条约使得英国在华取得了治外法权，也是清末司法制度半殖民化的开始。第二次鸦片战争之后，有十几个国家在华取得治外法权，且治外法权的内容、范围等均有所扩大。日本于甲午战争后签订的《马关条约》取得治外法权。

随着会审公廨的设立，在华出现了双重裁判，侵略者的治外法权也随之扩大。同治、光绪年间轰动全国的四大奇案之一的杨月楼案，便经历了双重裁判。它始于法律，但却涉及清朝的政治，以及社会各界对中国传统道德伦理及生活方式的不同态度与认识，尤其是向外国人展示了清朝法律的落后与弊端。1899 年的《苏报》案，恰恰经历了中西法律的汇演与较量。在中华法系解体的过程中，国际法也最终步入中国。

附 录

利玛窦生平大事一览表

年龄	时 间	大事摘要
0 岁	1552 年 10 月 6 日	在意大利中部的玛切拉塔市出生。
9 岁	1561 年	在玛切拉塔市耶稣会学校上小学。
16 岁	1568 年	中学毕业后在罗马日耳曼法学院读法律。
19 岁	1571 年 8 月 15 日	加入耶稣会。
20 岁	1572 年 9 月	在耶稣会创办的罗马学院学习哲学和神学，并师从数学家克拉委奥。
25 岁	1577 年夏	到葡萄牙科英布拉学习葡萄牙语。
26 岁	1578 年 3 月 29 日	离开里斯本，乘圣路易斯号帆船前往亚洲。
	9 月 13 日	抵达印度果阿。学习神学，教拉丁语与希腊语。
28 岁	1580 年 7 月 25 日	在印度晋升为司铎。
30 岁	1582 年 4 月 26 日	乘船离开印度果阿。
	8 月 7 日	抵达澳门，学习汉语，为进入中国内地做准备。
31 岁	1583 年 9 月 10 日	抵达肇庆，获准在肇居留。
	9 月 15 日	得王泮支持在崇禧塔北侧划地建教堂。
	下半年	与谭谕协商将建教堂之地皮换至崇禧塔东侧。
	12 月	资金缺乏，肇庆教堂建设中途停工，卖三棱镜等款续建。罗明坚因此回澳门筹款。
32 岁	1584 年上半年	肇庆教堂第一层竣工并布置使用，教堂取名为"圣童贞院"。王泮为教堂题匾"僊花寺"。
	9 月	在肇庆绘制第一幅中文世界地图。

32 岁	1584 年 9 月	在肇庆研制出中国内陆第一个自鸣钟。
	10 月	修改中文世界地图，把中国的位置移到地图中央，取名《山海舆地图》。
	11 月 29 日	与福建籍老师合译《天主实录》并付印。
	11 月 30 日	刻版印刷《山海舆地图》十多张，把其中一幅寄回罗马。
	同年	与罗明坚合编《葡汉辞典》。
	同年	与陈理阁敲定用"天主"取代"徒亚斯"一词。
33 岁	1585 年 5 月	罗明坚筹得经费回肇。
	11 月 24 日	完成了僊花寺第二层建筑，整座建筑为欧式风格。
34 岁	1586 年春	收容救济因西江洪水泛滥而寄寓仙花寺的灾民。
36 岁	1588 年 1 月	罗明坚调离，利玛窦独力支撑肇庆教堂的工作。
	8 月至 9 月	被控与澳葡人勾结案解决，在肇的居留证由罗明坚名字改为利玛窦名字
	12 月	刘继文谕示彻查奸细案，被令遣返澳门或移居别处。
37 岁	1589 年	返澳请示，范礼安同意将驻地移往别处。回肇后与瞿太素相识。
	8 月	刘继文同意其移居韶州，付 60 两银将僊花寺充公。
	8 月 15 日	乘船离肇。
	8 月 24 日	抵达韶州南华寺，不愿居于寺中。
	8 月 28 日	暂居韶州武水西岸光孝寺。
	1589 年 10 月 4 日	在韶州光孝寺附近得地建中式居所和圣堂。
38 岁	1590 年	韶州居所和圣堂建设完工。
40 岁	1592 年 2 月 18 日	应瞿太素之邀到南雄，结识南雄同知王应麟。
	7 月	韶州教堂被袭，到肇庆听候复审。期间与汤显祖奇遇，汤显祖赋诗纪此事。
41 岁	1593 年秋	在韶州与南京礼部尚书王弘海初次相会。
43 岁	1595 年 4 月 18 日	跟随兵部侍郎石星离开韶州北上。
	5 月 31 日	抵南京，请求定居南京，未获准。
	6 月 17 日	从南京乘船转至南昌。28 日抵达南昌。
	6 月 28 日	在南昌知府衙门附近购得一所住宅。
	7 月	在南昌显露过目成诵本领。江西巡抚陆万垓允其居留南昌。

43 岁	8 月	拜谒建安王、乐安王等皇亲。
	10 月	著《交友论》。
	同年	初著《西国记法》。
44 岁	1596 年	《天主实义》脱稿。
	9 月 22 日	在南昌准确预测出日食时间。
	10 月 13 日	印制《坤舆万国全图》。
45 岁	1597 年 8 月	被任命为耶稣会中国传教区会长。
46 岁	1598 年 6 月 25 日	离开南昌,随王弘海首次晋京,途抵南京结识应天巡抚赵可怀。
	9 月 8 日	首次抵京,未获准在京定居。
47 岁	1599 年阴历年	过镇江,在知府王应麟府邸过年,与许多高人雅士相会。
	1599 年 2 月 6 日	乘王应麟知府的官船去南京,寄寓南京承恩寺。
	2 月 10 日	在南京礼部尚书王弘海府邸欢度元宵节。与南京礼部侍郎叶向高相识。
	同年	随王弘海到南京天坛观看祭孔典礼前一天的预习。
	同年	官费刊印《舆地图》,广为散布,并被翻印。
48 岁	1600 年年初	在南京与徐光启相遇,两人一见如故。
	5 月	乘太监官舟第二次北上晋京,在济宁会晤李贽。
	7 月 3 日	抵临清,受阻于税监马堂,18 日才得继续启程往天津。23 日抵天津。
	10 月底	遇太监马堂勒索,逼交贡品宝物,所带行李物品遭搜查。
49 岁	1601 年 1 月 24 日	抵北京,下榻南城外。
	1 月 25 日	进呈自鸣钟、西洋琴、《万国图志》等贡品,得万历帝信任。
	2 月	奉召入宫调整自鸣钟,在宫传授时钟操作和保养方法。
	2 月	编写《西琴八曲》。
	5 月 28 日	获皇帝准许在京居住。迁出四夷馆,租赁民房居住。
	5 月 28 日后	到狱中探望冯应京,两人成为莫逆之交。
50 岁	1602 年 8 月	出版再次修订的中文世界地图。
51 岁	1603 年	出版《天主实义》汉语论著。

53 岁	1605 年 7 月	致函总会长，汇报已力辞皇帝封官，得保官员津贴。
	1605 年 9 月	开始与徐光启合译《几何原本》。
54 岁	1606 年 8 月 27 日	在北京宣武门附近购得一所面积宽阔，有大小房子四十多间的大宅，是日迁入居住。
	同年	著《畸人十篇》，手稿被士大夫们所传抄。
55 岁	1607 年	与李之藻合译出版《乾坤体义》。
	初春	与徐光启合译完《几何原本》前六卷出版。
56 岁	1607 年	刊印出版《畸人十篇》。
57 岁	1609 年 8 月 22 日	致函回欧洲中谈到中国皇帝命其献十二幅绸印《坤舆万国全图》。
	同年	获准在太监和官员的陪同下，到城墙上行走观光。
	9 月	用意大利语开始写《天主教传入中国史》，中译本为《利玛窦中国札记》。
58 岁	1610 年 3 月	在北京宣武门大街建两层欧式风格教堂。
	5 月 3 日	病卧不起。
	5 月 11 日	晚上六时在北京住所去世。万历帝御赐北京城外二里沟"滕公栅栏"作墓地。

利玛窦中文著作一览表

名　称	备　注
《交友论》	明万历二十三年(1595年)利玛窦在与建安王朱多火节交往时，被询问到西方人对友谊的看法，于是，利玛窦把欧洲名人关于友谊的格言整理译成中文，编纂成一本《交友论》小册子。该书虽然是利玛窦为建安王所写，但它在当时的文人中广为流传。
《葡汉辞典》	万历十二年(1584年)至十六年(1589年)，利玛窦在勤读汉语过程中，为了正确掌握汉字语音，贯通中西文字的字义，他与罗明坚在肇庆合编了一本《葡汉辞典》，取书名为《平常问答词义》。这是我国第一部中西文字典，它首创用拉丁字母来注汉字语音，为汉字拼音辟了新路。利玛窦勤学汉语，为其后来把中国的《四书》译成拉丁文介绍给西方国家打下了良好的汉语基础。
《西国记法》	万历二十三年(1595年)江西巡抚陆万垓同意利玛窦可在南昌定居，他请利玛窦将记忆的方法用中文写出，故利玛窦便撰写出《西国记法》一书。他把欧洲的思维科学和中国的文字学巧妙地加以结合，以标准的文言文表达出来，填补了中国学术领域的一项空白。该书被称为"西洋传入之第一部心理学书"。
《畸人十篇》	吏部尚书李戴是河南人，年事已高。1602年，他经常邀请利玛窦去他府中，并喜欢谈论来世的畏惧和希望的事情。几年之后，利玛窦把和他的谈话写一个提要，作为他的一部书中的两章。后来，他添加了他与冯琦、徐光启、曹于汴、李之藻、吴中明、龚锡爵、郭敦华等文人学士谈论人生观价值观等问题的资料及其评论，辑成此书，于1608年初刻于北京。

《四元行论》	利玛窦很少管或者根本不管中国人对古代权威的信仰。他告诉他们，只有四种元素，不多不少，它们具有相反的特性；他还告诉他们每种元素到哪里去找，他们并不反对其他较低级的三种元素，但是他们很难相信在天空之下发现的火要占有基本土地的一大部分。他们不认为彗星和流星也燃烧着他们在地上所看到的那种同样的火。他们把彗星也算作普通的星。利玛窦用中文写了一篇有关这个题目的评论——《四元行论》，文中他抛弃了他们五种原素的说法，确立了四种元素，他规定了它们的位置并以图加以表明。这个评论引起很大兴趣。他们把它印了许多份，它也像他的其他著作一样到处获得很高的称赞。
《几何原本》	利玛窦定居北京时，徐光启也在京供职，徐光启对《几何原本》十分有兴趣，决定翻译此书。从1605年9月开始，他每天前往利玛窦住所，由利玛窦口译、徐光启笔述，历时数月。他们辗转反复，精研细讨，力求准确，前后三易其稿，终于在1607年初春译成前六卷，1608年刻版竣工付印，即由利玛窦寄多册到罗马，给耶稣总会会长并分赠给自己的恩师克拉委奥（丁氏）。该书所显现出的西方公理化数学体系的思想、方法与特点震惊了一代世人，为正处黯淡时期的中国数学注入了新的生机。《几何原本》一书，有助于使中国人学会用三角学和几何学方法来解释天体运动，实现中国天文学发展史上的重大突破。
《天主实录》	1584年，利玛窦和他的秀才老师两人用五个多月时间合编了一本汉译教理书《天主实录》，该书是罗明坚在澳门时将罗马公学（神学院）的一部神学教科书《要理问答》译为中文，题作《圣教实录》，因汉译不确切而没有出版。这次带来肇庆，由利玛窦重新审译，改名叫《天主实录》，这是中国天主教第一本教理书籍。该书于1584年11月29日脱稿付印。利玛窦将它送给各级官员和知识阶层，通过他们把该书传到全国各地。万历十四年(1596年)利玛窦再将该书改成《天主实义》，于万历三十一年(1603年)刻印发行。后来，这本书还通过各国贡使流传到东南亚各国。

《乾坤体义》	1607年利玛窦与李之藻译编了《乾坤体义》一书，全书分三卷，上卷论天球浑象，中卷论地球与日月关系，下卷论天体圆周运行。
《浑盖通宪图说》	利玛窦与李之藻合译的《浑盖通宪图说》一书，采用图说的方式来介绍星盘的构造、原理、使用方法及意义，全书共两卷，卷首另附一篇浑象的介绍，并第一次介绍黄道坐标系，利玛窦曾把此书寄给了罗马耶稣会长和他的老师克拉维乌斯。
《同文算指》	利玛窦与李之藻合译的《同文算指》一书，主要是根据利玛窦的老师克拉维乌斯的《实用算术概论》（1585年出版）和程大位的《算法统宗》（1592年出版）翻译的。这是中国第一部介绍欧洲笔算、级数和比例问题的著作，该书对后来中国算术的发展有巨大的影响。
《同文算指通编》	利玛窦在编《同文算指通编》中谈到了西方的力学，物质比重的测定和计算，阿基米德原理及杠杆平衡等问题。他引入西方比例算法，使中国传统的计算法与西方算法结合起来，将中国数学在杠杆力学的计算上达到更高水平。
《圜容较义》	利玛窦与李之藻合译的《圜容较义》一书，是一部比较图形关系的几何学。其中包括多边形之间、多边形与圆之间、锥体与棱柱体之间、正多面体之间、浑圆与正多面体之间的关系。
《测量法义》	由利玛窦口授，徐光启笔受的《测量法义》，是一部关于陆地测量方面的数学著作。从内容上看，该书没有超出我国古代勾股测量的范围，不同的是将几何原理应用到测量学上，每一个结论都用《几何原本》的定理加以注释。此书是几何学广泛运用于建筑事业和水利工程的典范著作。
《二十五言》	万历二十七年（1599年）利玛窦在南京编译的论理箴言集，内收二十五则短语，强调"禁欲和德行的高贵"，属于《孟子》所指的"善言"。万历三十二年（1604年）由冯应京出资刊印。

《西琴曲意》	万历二十九年(1601年),庞迪我入宫教西洋乐器演奏法,利玛窦利用这个机会编写了八支乐曲的歌词,他称之为"西琴之歌"(即《西琴曲意》八章)。这些歌曲都是涉及伦理题材、教导着良好的道德品行的抒情诗,并引用了基督教作家的话加以妥善的说明。这些歌曲非常受人欢迎,许多文人学士都要求神父送给他们歌曲的抄本,并高度赞扬歌中所教导的内容。他们说,这些歌提醒皇帝应该以歌曲中所提到的品德来治理国家。为了满足对歌曲抄本的需要,神父们把它们连同其他一些曲子用欧洲文字和汉字印刷成一本歌曲集。
《利玛窦中国札记》	《利玛窦中国札记》是利玛窦在1608年,根据自己的记忆,以他的母语意大利语撰写的《天主教传入中国史》,该书的中译本为《利玛窦中国札记》。利玛窦的著作(包括译著)有19种,内容涵盖哲学、科学、宗教、伦理等,为他奠定"欧洲汉学之父"地位的就是他的这本回忆录及其书信集。
《西字奇蹟》	一卷,利玛窦用拉丁文拼写汉字的著作,明万历三十三年(1606年)初刊行于北京。
《理法器撮要》	共三卷。一,理卷,论述宇宙结构;二,法卷,简介测量天体运行的几何学方法;三,器卷,分述测天仪器的形象和用途。是介绍欧洲宇宙论和天体测量方法的一部提要性著作。
《辩学遗牍》	内收吏部官员虞淳熙论佛的书信,以及反驳杭州莲池袾宏和尚《竹窗三笔》攻天主教之说。收入明崇祯二年(1629年)李之藻自费刊行的《天学初函》。

Western Missionaries and the Introduction of International Law to China

Wang Chaojie

附
录

Abstract: The introduction of international law to China was not a one-way process, but one of clash and relative growth and decay between the traditional Chinese external order based on the concept of "Under the Heaven" and the modern world order dominated by the West. It was marked by the two events: Western missionaries translated the Western works of international law at the end of the Ming Dynasty and begining of the Qing Dynasty, and international law was applied in the negotiation of international treaties.

In the sixteenth and seventeenth centuries, modern international law began to appear and develop in Europe, but the Chinese feudal dynasties with Sino-centric concept of "Tianxia" still regarded China as the centre of the world.[1] China made the first regulation of conflict between nations in Yon-ghui Code in the early Tang Dynasty (618–907 AD) which provided that: "a dispute between two aliens of the same nationality should be solved according to their own law and custom while a dispute between two aliens of different nationalities should be solved according to Chinese law." According to the annotation of Yonghui

---

1 Zhou Zhenhe, "Research into Matteo Ricci's World Map", China Surveying and Mapping [J], 2005, Vol. 4, pp. 60, 61.

Code, the term "alien" referred to foreigners, that is to say, subjects of other kingdoms or countries. Because aliens have their own customs and laws, the judge should decide their cases according to their own law. With regard to disputes between nationals of different countries, for example, a national of Koryo and a national of Paekche, the judge should resolve disputes according to Chinese law.[1] This advanced international law idea was followed just for a short period of time and was quickly replaced with territorial jurisdiction. China exercised absolute territorial jurisdiction and decided all criminal cases according to Chinese law during the Song Dynasty (960-1279 AD).[2] In a country closed to the outer world, international law was just unimaginable.

The conflict between Chinese and Western customs began to appear at the end of the Ming Dynasty (1368-1644 AD) and the beginning of the Qing Dynasty (1616-1911 AD). The Chinese traditional tributary system of foreign relations and the treatment of aliens underwent impacts from the international law system of Western countries based on the notion of sovereignty. During this time, missionaries were the second largest group (only smaller than merchants) of foreigners in China. Those foreign missionaries were highly regarded by the then emperors such as Emperor Wanli of the Ming Dynasty, and emperors Shunzhi and Kangxi of the Qing Dynasty. During the latter part of the seventeenth century, missionaries first tried to translate Western international law books into Chinese and promoted the application of international law in Chinese diplomatic relations with other countries. This was the beginning of the introduction of international law into China. In this sense, the introduction of international law to China confirmed a classical saying:

天朝迩来未可期——华土与天国之间的利玛窦

1　Zhengsun Wuji, Annotations of the Laws of Tang Dynasty [M], Liu Junwen ed., Huangshan Press, 2002, p. 63.

2　Dou Yi, Criminal Law of Song Dynasty [M], Liu Junwen ed., Huangshan Press, 2002, p. 87.

"the history of international law should not be separated from the history of religion and intellectual history".[1]

1. International Law Education Background of Missionaries

Religion is closely linked to the world of human beings and is a form of culture. Religion and law are two closely linked social phenomena. It is a fact that religion has had much impact on the development of international law. Religious oaths and ceremonies were widely used in affairs related to treaties and wars in ancient times, and played an important role in strengthening the authority of ancient international law. The term "jus gentium" of the ancient Roman law at first referred to international law. Jewish law, Islamic law and other religious laws contained international law elements, and were important sources of ancient and medieval international law. The development of international law almost stopped in Europe during the eleventh and twelfth centuries. Because of the emergence of nation– states in Europe, international law began to develop again around 1300. Canon law contained the rules for international relations. The law of treaties, the law of territory, arbitration law, the law of war, maritime law, and rules on embassies and consulates developed to a certain degree. There were a number of international law scholars in the latter part of the sixteenth century prior to the birth of Hugo Grotius, such as Francisco de Vitoria, Francisco Suarez, Conrad Branu, Alberico Gentili and Balthazar Ayala, all of whom held ecclesiastical teaching positions.

Jean Bodin, a French political thinker and jurist, for the first

---

1　Alfred Verdross, International Law [M], translated by Li Haopei, Commercial Press, 1981, p. 44.

time clearly advocated the notion of sovereignty in 1577 in his famous The Six Books of Republic, which provided the necessary basis for the emergence of modern international law. Hugo Grotius, father of modern international law, thought that international law consisted of natural law originating in the will of God and jus gentium originating in the will of human beings. His books, such as Commentary on the Law of Prize and Booty, Mare Liberum and The Rights of War and Peace, were deeply influenced by religion, covered all the topics of international law of that time and provided a full theoretical basis for the birth of modern international law.

In the sixteenth and seventeenth centuries, thousands of missionaries entered seminaries and joined the Society of Jesus when they were teenagers. They studied theology as well as a wide range of natural and social sciences under the instructions of top scholars to become elites who were both scholars and missionaries. International law as one of the oldest legal disciplines was attached to theology in medieval times. Therefore, missionaries undoubtedly were well-trained in international law.

2. Introduction of International Law by Giulio Aleni

Giulio Aleni (1582–1649) was a famous Italian missionary during the Ming Dynasty. He came to China in 1613 and worked in China for decades before he died in 1649 in Yanping, Fujian Province. He was the most distinguished missionary in his time, between the time of Michele Ruggleri and Matteo Ricci, and the time of Johann Adam Schall von Bell and Ferdinand Verbiest. [1] (Giulio Aleni took several effective measures

---

1 Xu Minglong, "Commentary of European Missionaries in China before the Eighteenth Century", World History [J], 1993, Vol. 4, p. 20.

to spread the Catholic faith in Fujian Province over his whole life and was the summit of his career. He was learned, had wide connections with Chinese people, wrote a lot, and won himself the name of "Apostle of Fujian".

He made a comparison of the Chinese law and Western law in 1623 in "Accounts of Foreign Countries" (Zhi Fang Wai Ji): "The tax rate in Europe is no more than 10%. People willingly pay their taxes without being forced by the state. The litigation is simple. Small disputes are mediated by honourable people in the neighbourhood while major disputes are heard by judges according to the law, which is prescribed in detail by the state." [1] Later when commenting on Spain, he said that "A missionary named Francisco Suarez wrote De Legibus ac De Legislatore (On Laws and God as Legislator). This book is well-written and widely read, better than books by other authors in the past hundred years." [2] Francisco Suarez (1548–1617) was a Spanish Jesuit priest, philosopher and theologian. He was one of the founders of international law and wrote extensively. Although not a complete collection of his works, his Opera Omnia (Paris edition) contained 28 volumes. De Legibus ac De Legislatore was an extensive and systematic international law book, integrating history, religion, philosophy, and law. It analyzed natural law and jus gentium and met the demands of the time. As one of the representative scholars of natural law, Francisco Suarez held that the authority of international law was natural law such as the conscience, rationality and legal consciousness of human beings. Because Francisco Suarez was very famous, this book was widely used

---

1 Giulio Aleni, Zhi Fang, Wai Ji [Accounts of Foreign Countries] [M], Annotated by Xie Fang, Zhonghua Book Company, 1996, p. 73.
2 Giulio Aleni, Zhi Fang, Wai Ji [Accounts of Foreign Countries] [M], Annotated by Xie Fang, Zhonghua Book Company, 1996, p. 73.

by most European universities as textbooks and had long–lasting and profound influence. Besides De Legibus ac De Legislatore, Francisco Suarez' s international law books included another book published in 1621 after his death, which contained a large part on the law of war. When translating H. Wheaton' s Elements of International Law at the end of the Qing Dynasty, William Alexander Parsons Martin (1827–1916) praised the use of publicists' teachings: "Authoritative publicists of different countries can give proof of what states belief and act. If not challenged by others but cited by later kings and ministers as guidance, their teachings will be more and more authoritative". [1] As a renowned theologian professor and international law scholar, Francisco Suarez had many students. Many missionaries who worked in China studied in Academica Coimbra where Francisco Suarez worked as a professor. Therefore, Francisco Suarez undoubtedly could be regarded as a most qualified publicist in Europe.

Giulio Aleni' s other book, Xi Xue Fan published in 1623, demonstrated a general tendency of theological natural law and international law. This book introduced the various disciplines of studies in the West: "books are generally of six disciplines, i.e., arts, sciences, medicine, law, pedagogy, and theology. [2] The discipline of law studies how kings manage their states and solve disputes between people. The codes are orders of the god, backbones of the state, and armour of morality". [3] Giulio Aleni also mentioned that the West established law schools in Roman times to teach how to solve disputes. If students could

---

1　Giulio Aleni, Zhi Fang, Wai Ji [Accounts of Foreign Countries] [M], Annotated by Xie Fang, Zhonghua Book Company, 1996, p. 73.

2　Giulio Aleni & Xi Xue Fan, Tian Xue Chu Han[M], compiled by LI Zhizao, Taiwan Student Book Co. Ltd., 1965, pp. 31, 45, 27, 27.

3　Giulio Aleni & Xi Xue Fan, Tian Xue Chu Han[M], compiled by LI Zhizao, Taiwan Student Book Co. Ltd., 1965, pp. 31, 45, 27, 27.

perform very well in a rigorous examination with a high score after six years of study, they could get a position with secular responsibilities. The codes mentioned by Giulio Aleni when discussing the Western legal systems referred not only to criminal law, but also civil law, international law and other laws.

As far as Giulio Aleni's sources of ideas are concerned, St. Thomas Aquinas' theory was the most important before the sixteenth century. St Thomas Aquinas classified the law into four categories: eternal law, natural law, divine law and human law. Human law refers to state law in the general sense. Eternal law is the supreme law and human law shall not conflict with natural law and divine law. In Xi Xue Fan, Giulio Aleni first introduced Thomas Aquina's theological theory into China and zealously promoted its exemplary significance in the Christian philosophy: "Thomas Aquinas was learned and wrote extensively. He cited past writings and wrote Summa Theologica. His writing is the clearest, simplest, and most accurate. All later theological students admired his writings." [1]

Giulio Aleni surely knew Thomas Aquinas' theory of the four categories of law and their hierarchy, knew his special "requirements" on human law, and the general meaning of secular law or human law from the perspective of theology. Even when discussing the discipline of law in Xi Xue Fan, Giulio Aleni did not forget to say that "theology is the most important among all the six disciplines law included, because all other disciplines study the human being while theology studies the heaven". [2] In the eyes of Giulio Aleni, the discipline of law only studied

1　Giulio Aleni & Xi Xue Fan, Tian Xue Chu Han[M], compiled by LI Zhizao, Taiwan Student Book Co. Ltd., 1965, pp. 31, 45, 27, 27.
2　Giulio Aleni & Xi Xue Fan, Tian Xue Chu Han[M], compiled by LI Zhizao, Taiwan Student Book Co. Ltd., 1965, pp. 31, 45, 27, 27.

the secular law and its content and purpose were below theology.

3. The Translation of International Law by Martino Martini in China

The idea of international law could not be introduced into China in isolation. Only when China understood the world outside China and the international community consisting of nation states, could China understand and accept the idea of international law. [1] At the end of the Ming Dynasty and the beginning of the Qing Dynasty, Martino Martini (1614–1661), a Jesuit missionary, tried to introduce international law into China.

Martino Martini was an internationally renowned sinologist, historian and geographer. He was born in 1614 in Trento, a northern city of Italy. After studying in the Society of Jesus in his hometown in his early years, he entered the Roman College and joined the Society of Jesus. Martini arrived in China in 1643. He diligently studied the Chinese language, read many ancient Chinese books and acquired much knowledge of Chinese history. He travelled in Zhejiang, Shanghai, Fujian, Guangdong, Beijing and many other places in China, in fact more than half of China, to spread the Catholic faith.

Martino Martini lived in Hangzhou and Ningbo during the period of 1648 to 1650. With the help of Zhu Zongyuan, a Chinese follower, he tried to translate De Legibus ac De Legislatore written by Francisco Suarez but did not finish the translation work [2] and get it published. [3]

1　H. Wheaton, Elements of International Law [M], translated by William Alexander Parsons Martin, China University of Politics and Law Press, 2003, p. 37.

2　Giuliano Bertuccioli & Federico Masini, Italy and China [M], translated by Xiao Xiaoling & Bai Yukun, Commercial Press, 2002, pp. 153, 148.

3　Qiu Hongda, Chinese International Law Issues, Taipei Commercial Press, 1972, p. 2.

At the beginning of his translation work, Martino Martini was Superior of the Hangzhou Society of Jesus (1648–1650). He moved to Beijing in 1650 and was appointed as the Delegate of the Chinese Mission Superior to defend Chinese rites in Rome. He left China for Europe in 1651. However, his personal interest switched from promoting Christianity in China to introducing China to Europe. He wrote a lot about China in Latin on his journey, which made him famous. With too much work on hand, he did not finish translating De Legibus ac De Legislatore. He left Europe in 1657 to embark on his second journey to China. This journey was very difficult because of attacks by pirates and storms. He left Rome with 18 missionaries but only six arrived in China. There is not much record of his activities during this period. For Martino Martini, the work of translating Suarez's book was only one of many plans. Of course, there were personal reasons for the discontinuation of this work. [1]

4. The International Law Practice of Vittorio Ricci in China

Vittorio Ricci (1621–1685) was an Italian missionary. He left Europe in 1646, arrived in Philippines in 1648 and later arrived at Xiamen, China, in 1655, where he established residence. As a missionary, he travelled back and forth between China and other places in the Far East and lived an adventurous life. He provided good offices for diplomatic affairs of Chinese, Spaniards and Portuguese with his international law knowledge. [2] During this time, Taiwan witnessed a

1 Zeng Tao, "Modern China Encountering International Law", Journal of China University of Politics and Law [J], 2008, Vol. 5, p. 103.
2 Giuliano Bertuccioli & Federico Masini, Italy and China [M], translated by Xiao Xiaoling & Bai Yukun, Commercial Press, 2002, pp. 153, 148.

major historical incident. Zheng Chenggong, or Koxinga, defeated the Dutch and took back Taiwan in January 1662. The Dutch agreed to retreat from Taiwan. Frederick Coyett (1620–1687), the Dutch Governor, signed a treaty on behalf of the Dutch government. In this treaty, the two parties agreed to exchange prisoners of war and China allowed the Dutch troops to take their belongings when they left. This might be the first treaty signed on equal terms by a rebellious Chinese local government with Western countries. [1] Zheng Chenggong made strategic use of international law, which was unfamiliar to him. This treaty provided that the two parties should sign, affix seals and take oaths according to their own customs. Surprising enough, the Dutch did not mention Hugo Grotius or his works during the whole negotiation process, although the works of Hugo Grotius, a Dutchman and the father of modern international law, were well-known in Europe. Influenced by the Chinese traditional tributary system, Zheng Chenggong later sent Vittorio Ricci to the Philippines to persuade Spaniards to pay tribute to Taiwan. ···Vittorio Ricci was refused and left the Philippines. But he continued to get involved in other diplomatic affairs and seemed to especially enjoy these missions. He revisited Manila in April 1663. This time he was the diplomat of Zheng Jing, the son and successor of Zheng Chenggong, to re-establish the international relationship with the Philippines broken by his last visit. He succeeded this time and was warmly received. [2]

5. Encounter with International Law at the Beginning of the Qing Dynasty

---

1   Yang Zewei, Comments on International Law [M], China Renmin University Press, 2007, p. 295.

2   Giuliano Bertuccioli & Federico Masini, Italy and China [M], translated by Xiao Xiaoling & Bai Yukun, Commercial Press, 2002, pp. 153, 148.

a. The First Encounter with International Law by the Qing Government

The first encounter of international law by the Qing Government happened in the period of1662 to 1690 during the interaction between the Qing Government and the Netherlands. [1]

After its defeat in Taiwan, the Dutch hoped to sign a treaty with China and tried to negotiate with Chinese officials for this purpose. During the negotiation, the Dutch insisted that diplomats be immune from detention and cited international law and the customs of all sovereign states to support their position. Of course, the Chinese could not understand and accept this position. The officials of the Qing government had no idea that the international community consisted of major European states which interacted with each other on an equal footing and followed common rules. They insisted on Chinese tradition and tried to maintain the tributary system.

b. The Application of International Law in the Treaty of Nerchinsk

China signed the Treaty of Nerchinsk with Russia on 8th September 1689. This treaty is the first equal treaty signed by China and a Western country in modern times. At that time, Russia was familiar with and made frequent use of international treaties, customary international law, and general principles of law as the main sources of international law and judicial decisions, teachings of most qualified publicists, and resolutions of international organizations as supplementary sources of international law. China was unfamiliar with international law then. To defeat rebels in the northwest, Emperor Kangxi hoped to end the war with Russia as soon as possible and to sign a treaty to bind Russia. Weighing up

---

1   Wang Tieya, "China and International Law: History and Today", China International Law Yearbook [M], Peking University Press, 1991, p. 22.

the pros and cons, China abandoned the traditional position to treat Russia as a tributary state. The negotiation process was difficult. Two missionaries, Jean Francois Gerbillon (1654–1707), a French national, and Thom á s Pereira (1645–1708), a Portuguese, were allowed by the emperor to join in the Chinese delegation as translators and advisors in 1688. The Emperor employed them more because of their knowledge of Western international relations and international law than because of their abilities in translation. These two missionaries worked diligently, finished the negotiation and each made records in their diaries. Their diaries mentioned more than once some basic elements and principles of international law, such as the equality and mutual benefit of sovereign states, the nature and position of diplomats in diplomatic affairs, and the notion of just and unjust wars.

The negotiation to a certain extent followed Western international law. Firstly, the two states regarded each other as sovereign states and regarded Emperor Kangxi and Peter the Great as equal counterparts. Secondly, the two states demarcated the border and agreed that the Argun River and Greater Khingan Mountains would form the borderline of China on the south and Russia on the north. Thirdly, the treaty made provisions on aliens and merchants. For example, this treaty provided that aliens were allowed to reside in their current places and merchants of both states were allowed to engage in trade if they had passports. Fourthly, this treaty made provisions on judicial assistance. It provided that if hunters in small numbers crossed the border to hunt or engage in larceny, they should be deported and handed over to their state of nationality to be dealt with according to the law of their nationality; if hunters in large numbers cross the border to hunt or engage in larceny, they should be deported and handed over to the state of nationality to be sentenced to death. Fifth, the treaty was written in three languages, i.e. Chinese (the language of Manchu), Russian, and Latin, with the Chinese and Russian texts being equally authentic. [1]

As far as these provisions are concerned, the two parties negotiated on equal terms. The drafting and the text of the treaty, as well as the mechanism puting it into effect, reflected the principle of equality of sovereign states under modern international law, both in terms of form and content.

However, the negotiation of this treaty did not really usher a beginning of modern diplomacy for China. China was a feudal empire developed independently with its own culture. Rulers maintained their respect with seclusion and conservativeness. They developed their view of the world and thinking based on a long history and with a sense of cultural superiority. Which were accepted by Chinese people as a matter of course. They could not correctly judge the position of China in the changing world of the sixteenth and seventeenth centuries.

The Treaty of Nerchinsk was an exception in Chinese traditional diplomacy. Earl Macartney's visit in 1789 and other important foreign affairs were also sporadic and discontinuous. In the following years of more than one hundred and fifty, nobody mentioned international law until Lin Zexu formally encountered international law for the first time when he confiscated and destroyed opium in Guangzhou in 1839. In the Chinese diplomacy before the Opium War of 1840, China engaged in diplomacy as a superior state but its position was reversed after 1840.

1 Wang Tieya, Compilation of Old Treaties of China and Other Countries [M], Sanlian Press, 1957, p. 5.

后 记

　　一个邂逅，半个偶然。来肇庆学院工作，屈指算来已经 10 余年了。于年青人，三年五载就可以是一生一世，于不惑的我，十年八年都好像在指缝之间。时光流逝带不走的是许多美好记忆，它令人流连，也催人奋发。

　　十年树木，百年树人。教师的责任是基于正当性传授作为知识的信息以为他们所用。苏格拉底说："美德即是知识。"我一直在思考这句话，并引领同学们认知斯言尤其在当代的价值。生活也好，生命也罢，缺点与不足总是难以避免，它是自然的成分；作为一个教师，能够将生活、生命之整体真实表述与同学们，与其共同探寻进步、向上之精神、力量，显然有需要超脱于现实之困难，也需要战胜这种困难的信心、勇气，这必将成为我致力之目标及人生之信条。没有谁有资格说生活、未来将赐予同学们什么，时代命运为他们所掌握。

　　独立思考是大学生应予培养的首要的能力，它是一个循序渐进的过程，而且从一年级起即应着手这方面的发掘。无论从生活处着眼，还是就工作、事业而言，它都是成人的基础能力，也是当代中国谋求创新、不断进步的不竭动力所在，而无所谓学科分别。与效益相联系的是企业，而大学之所以为大学首先在于其追求具有相对独立于社会、国家的思想、科学的思想，而不是仅仅停留在灌输既有思想的技术层面。

我长期从事国际法课程的教学。国际法作为理论性、概括性、抽象性很强的课程，要真正讲授的较为透彻并不是一件容易的事情，它断然不是照本宣科、熟练法条所能摆平：不仅承接过去、立足现实、面向未来；而且立足法学，关照社会、涉及普遍。150页厚重的讲稿涵盖许多具体、典型的案例，如：奥格登案、光华寮案、吴嘉玲诉香港入境事务管理处案、陈逸飞遗产纠纷案、2000年美国总统大选、米兰达规则等等，不仅做到了准确、全面，而且紧密联系中国实际。基础理论则不仅立足于中国、而且大量涉猎美、英、法、俄、德、日等国宪法与宪政。教学过程中适度兼采了文学、历史等，如刘小枫优秀散文《记恋冬妮娅》、根据帕斯捷尔纳克同名小说改编的奥斯卡获奖影片《日瓦戈医生》、张贤亮优秀短篇小说《灵与肉》等等，以映衬宪法文化与宪法精神。可以确信，讲稿不仅成为我充实的记忆，也一定会成为日后写作的重要根据。

　　授课过程中，我深深体会到它在法学教育知识结构中的重要性、必要性，因此，备课、授课也就十分认真进而自己也培养出浓厚的兴趣。"学而时习之，不亦乐乎？"从中我也得到了提高，越发地享受到了知识的乐趣。

　　大学是一个伟大系统工程，一个承继光荣传统、不断推陈出新的伟大系统工程。作为一名普通大学教师，对民族、国家、社会的教育的责任感促使我时时提醒自己，远离市井、淡泊名利，与同学们、也与广大同仁朋友们，致力于健全思想的培养、美好心灵的塑造，但并不游离于现实生活。学以致用、教学相长等等，这些催生教育、寓于教育的思想，在长期的教学工作之中，我深深地体会到了并将继续领悟、发掘与创造。我深信，即使不能桃李满天下，那么，不误人子弟也是一种心灵的善。

　　针对现实，我确定不疑地认为，一名教师对于学生头脑的影响，可以是即时的，也可以是面向未来的。具备一个好的、懂得尊重别人的品格，有着丰富的生活阅历，长期的做为司法活动的经验，以及纯正、深厚、广阔的专业、专业外的知识，对于教学，对于研究是多么的重要、宝贵、不可或缺。这些也成为我坚持原则、迎难而上、捍卫正当性并拒绝猥琐的不竭动力、坚强柱石。

就大学教师而言，教学与科研二者不可偏废。只有这样，二者之间才能够相得益彰，进而实现一名大学教师的不断自我超越。教学与科研均可以是一般性的，比如，忠实于教材和在此基础上由与教学相关的心得而就的文字；如果能够通过创造性的工作，不唯书，不唯教学，理论联系实际，在对广阔现实生活的思辨之中从事教学、研究，无疑是一个高的要求，高的标准。它当然附带地有助于至少优秀学生思考能力的发掘，并对开拓优秀学生的视野有诸多裨益，研究型大学与教学型大学不是截然分开的。

每当一个学期结束的时候，我能够充分感受到来自很多同学的真诚的目光，这就够啦——那是我早已习惯了的不变的偏爱！

令我倍感欣慰的是，生活中总有一些看上去严肃的东西实则是无谓的。10年过去了，有的是流连，有的是喜悦，有的是感激，尽管夹杂些许日渐式微的惆怅，很多事情注定很快随风而去。

每个人都在岁月的歌声中，动自己的感情。经常听的歌曲《绿岛小夜曲》萦绕在我的耳际、涤荡着我的心灵、凝固了遥远的遥远——那里是我不尽也永远的思念。真的很美。是凛然、傲然之美，自然也是豁达、沉醉之美！

迟子建在《群山之巅》写道："一世界的鹅毛大雪，谁又能听见谁的呼唤？"仅以此句作为全书的收尾。

感谢肇庆学院。